Volker Friebel & Marianne Kunz
Warum Werte wichtig sind

Volker Friebel & Marianne Kunz

Warum Werte wichtig sind

Geschichten und Gesprächsimpulse
für den Alltag mit Kindern

HERDER

FREIBURG · BASEL · WIEN

Gedruckt auf umweltfreundlichem, chlorfrei gebleichtem Papier
Umschlaggestaltung: R·M·E Roland Eschlbeck/Rosemarie Kreuzer
Umschlagfoto: Hartmut W. Schmidt, Freiburg
Illustrationen: Sabine Tiemer

www.herder.de
Layoutentwurf und Produktion:
Weiß – Graphik & Buchgestaltung, Freiburg im Breisgau
Druck und Bindung:
fgb · freiburger graphische betriebe 2007
www.fgb.de
ISBN 978-3-451-32058-3

Inhalt

Einführung

Werte und Orientierung

Maria schlägt wütend auf Vanessa ein.
„Hör auf zu schlagen!“
„Warum denn?“

Kinder brauchen Orientierung. Angestoßen durch Meldungen zur Zunahme von Gewalt und gleichzeitig von Teilnahmslosigkeit vieler Kinder in Schule und Kindergarten, ist das unübersehbar.

Wie erfolgt Orientierung? Was macht uns in unserem Verhalten und Handeln sicher? Dazu tragen wir Einstellungen in uns, Vorstellungen darüber, was gut und was schlecht ist, mit einem Wort: Werte.

Wollen Sie einen Freund, der sie belügt oder beklaut? Aufrichtiges Verhalten (in allen Umfragen steht es ganz oben) schafft dagegen Vertrauen und bereitet Freundschaften den Boden. Und wir alle brauchen Menschen um uns, denen wir uns nahe fühlen, brauchen Zugehörigkeit. Gemeinsame Werte können eine solche Zugehörigkeit schaffen.

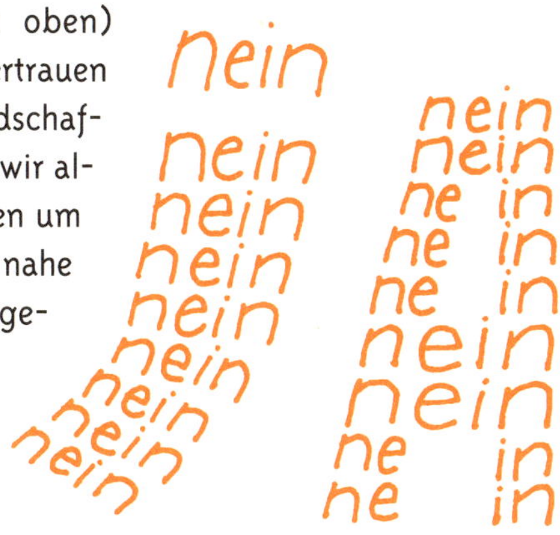

Wie entstehen Wertvorstellungen denn?
Aus dem, was das Kind erlebt und wie die Erwachsenen sich verhalten, auch aus dem, was sie sagen, bildet das Kind Konzepte richtigen Handelns.

Aus einer Vielzahl von eigenen Erfahrungen und Beobachtungen, aus Bildern und Erklärungen zu Fichten, Birken, zu Blättern, Tannenzapfen und Wurzeln formt das Kind sich ein Konzept davon, was ein „Baum" ist. Entsprechend entsteht ein Konzept darüber, was Unwahrheit und was Aufrichtigkeit sind, indem das Kind erfährt, wie sich etwas Behauptetes von der Realität unterscheidet. Zum Wert wird Aufrichtigkeit dadurch, dass das Kind die Konsequenz des Lügens erfährt, das schlechte Gewissen spürt oder den bitteren Geschmack, wenn es selbst belogen wurde. An der so entstandenen Wertvorstellung orientiert sich das weitere Verhalten des Kindes.

Manche Wertvorstellungen sind im Kind schon sehr früh erkennbar, vielleicht zu früh, um ganz aus der eigenen Erfahrung oder der Erziehung erklärt werden zu können. Sie müssen nicht individuell gelernt werden, sondern sind in uns offensichtlich angelegt. Wir stehen von Geburt an nicht neutral in der Welt.

Neugier etwa zeigen Kinder von Anfang an, und sie haben ein starkes Empfinden für Gerechtigkeit. Auch etwa das schlechte Gewissen zeugt davon. Aber derartige Haltungen müssen bestätigt und verfestigt werden. Wenn sie durch die Umgebung fortwährend bestraft oder auch nur gleichgültig behandelt werden, verlieren sie an Kraft.

Hier liegen Erziehungsaufgaben. Etwa den Mut der Kinder zu loben, aber auch zu sagen, dass man anderen nicht schaden sollte, und dass übertriebene Waghalsigkeit eine Gefahr ist.

Kinder spüren, was recht und unrecht ist. Doch sie fordern die Erzieher immer wieder auf, es klar zu zeigen und in seinen Konsequenzen durchzustehen. Sie fordern eine Bestätigung. Sind erwachsene Bezugspersonen nicht präsent, zu unsicher oder zu kumpelhaft in der Erziehung der Kinder, leidet die Vermittlung der Werte. Orientierungslosigkeit ist eine Folge.

Werte in der Diskussion

Geschätzte Eigenschaften von Menschen werden manchmal auch als Tugenden bezeichnet. Dieses Wort ist durch seine Übertreibung und moralisierende Färbung in Verruf gekommen. Neutraler wäre, von Einstellungen, Haltungen oder Kompetenzen zu reden. Der Begriff Tugend eröffnet uns aber einen geschichtlichen Hintergrund.

Der altgriechische Philosoph Platon, dessen Werk als eine geistige Grundlage unserer Welt angesehen wird, hat vier Kardinaltugenden angenommen: Weisheit, Tapferkeit, Besonnenheit, Gerechtigkeit. Auf sie sollen alle anderen Tugenden zurückgehen. Thomas von Aquin fügte aus theologischer Sicht Glaube, Liebe und Hoffnung hinzu.

Diese Werte und Tugenden sind nicht einfach verloren gegangen, wie manchmal behauptet wird, wir tragen sie in uns. Sie werden heute aber oft anders benannt und weiter gefasst, wie wir es mit den Geschichten in diesem Buch auch ansprechen. Überhaupt geht das Verständnis, was im Einzelnen zu den „Werten" zu zählen ist, oft stark auseinander – und doch wissen wir alle, was gemeint ist.

Unterhalten wir uns über einen Sportler, finden wir leicht Worte für das Sichtbare, Oberflächliche, etwa die Frisur. Das weniger klar zu Benennende, das wir eigentlich meinen, sind aber seine Hartnäckigkeit, Geradlinigkeit, sein Mut und unbezähmbarer Vorwärtsdrang, oder die Eleganz seiner Bewegung. „Werte" oder „Tugenden" werden manchmal etwas misstrauisch betrachtet, weil sie für alle Menschen etwas Verbindliches herzustellen versuchen: einen gemeinsamen Hintergrund. Unsere Gesellschaft, genau wie unsere Erziehung, war und ist aber sehr individualistisch angelegt. Individualismus und Gemeinschaft – sie werden als Gegensätze empfunden, als Positionen, bei denen man sich nur für das eine und gegen das andere entscheiden kann.

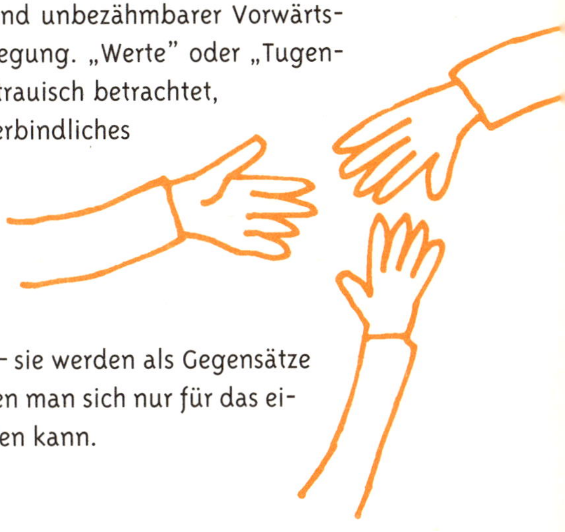

Tatsächlich aber braucht es beide, beide zusammen. Individualismus kann erst vor der Sicherheit eines gemeinsamen Hintergrundes bestehen, und Gemeinschaft braucht den Einzelnen. Die Überbetonung von Individualismus oder einzelner Gruppen führt zum Verfall einer Gesellschaft. Die Überbetonung der Gemeinschaft führt zu Intoleranz.

Die Begriffe sind zahlreich, aber gleichgültig ob von Werten, Einstellungen, Tugenden, Haltungen, Kompetenzen gesprochen wird – klare Vorstellungen darüber, was von der Gesellschaft geschätzt wird, wie man selbst sein sollte, wie man sich andern gegenüber verhalten sollte, benötigt jedes Kind – durchaus auch, um sich im Einzelfall darüber bewusst hinwegzusetzen.

Wenn ich bestimmte Wertvorstellungen kenne, wenn ich beispielsweise um die Bedeutung einer roten Ampel weiß, kann ich mich in jeder konkreten Situation selbst entscheiden, ob ich das Signal akzeptiere oder mich besser darüber hinwegsetze. Wir gehen viel sicherer über die rote Ampel, wenn wir ihre Bedeutung kennen, wenn wir also wissen, dass wir jetzt besonders aufpassen müssen. Das Kennenlernen der Wertvorstellungen und Einstellungen unserer Kultur ist also entscheidend, gar nicht so sehr, ob wir uns dann immer daran halten.

Wertevermittlung

Werte verinnerlichen heißt, sie sich zu eigen machen. Lohn und Strafe mögen etwa bei der Verinnerlichung von Ehrlichkeit helfen, aber mechanisch angewandt, greifen sie zu kurz. Es ist nötig, sich mit den Werten auseinanderzusetzen, sie zu bejahen, mit ihnen einverstanden zu sein.

Die früher vertretene Meinung, erst im Schulalter entwickelten sich langsam Einsichten in moralisches Verhalten und damit in Wertvorstellungen, lässt sich durch einfache Beobachtungen von Kindern leicht widerlegen, auch in den Lehrbüchern wird dies inzwischen revidiert: „Die Sensibilität für die emotionale Befindlichkeit anderer ist schon im frühen Alter nachweisbar, das Wissen um negative Auswirkungen unmoralischen Handelns ebenfalls, und schon im Alter von vier Jahren wird die negative Bewertung unmoralischen Handelns aus den Folgen für die Betroffenen begründet und nicht aus der Meinung von Autoritätspersonen" (Montada 2002).

Wir haben für die Beschäftigung mit Wertvorstellungen Geschichten gewählt. Denn Geschichten sind ein Fenster zur Welt. Hier lernen Kinder an Extrem- oder Paradesituationen am eindrücklichsten und nachhaltigsten. Vieles lässt sich in Geschichten zugespitzter, pointierter erleben, als das im Alltag möglich ist. Heikle Themen lassen sich leichter reflektieren und können aus einem größeren Abstand von verschiedenen Seiten betrachtet werden.

Unsere Geschichten erzählen oft aus der Lebenswelt der Kinder. Sie zeigen die Spannungen auf, die es im täglichen Miteinander gibt. Manchmal zeigen sie nur Facetten von Wertvorstellungen, beispielsweise von Mut, der sich etwa in Beharrlichkeit oder in Waghalsigkeit zeigen kann.

Gelegentlich haben wir eine indirekte, märchenhafte Herangehensweise vorgezogen. Denn vor allem bei emotional belasteten Themen ist es gerade die Verfremdung, die das Kind am wirkungsvollsten anspricht.

Viele der Geschichten sind leicht zu verstehen. Der Kern anderer Geschichten wird allerdings intellektuell von Kindergartenkindern nicht vollständig erfasst werden können. Das muss auch nicht sein. Fast alle der beliebtesten Märchen sind vieldeutig. Was verstanden wird, wird meist auch bald vergessen. Es sind eher die nicht ganz rational auflösbaren Geschichten, die eine besondere, manchmal fast magische Anziehungskraft haben und eine tiefe Auseinandersetzung anstoßen.

Zur Bearbeitung bestimmter Konflikte kann es günstiger sein, Geschichten zu wählen, die nicht ganz „passen" – die aber grob den Themenbereich ansprechen. So müssen die Kinder sich nicht bedrängt fühlen, werden aber doch dazu gebracht, sich über das Ansprechen des allgemeinen Themas mit ihrem speziellen Problem zu befassen. Vielleicht nicht beim Hören der Geschichte, vielleicht beim Gespräch darüber – oder gar erst später, allein. Denn das Hören von Geschichten ist zunächst passiv. Aktiv wird es durch die Auseinandersetzung mit dem Erzählten.

Eine Auseinandersetzung ist manchmal nicht einfach und letztlich im Ausgang offen. Denn Werte stehen oft gegeneinander und verlangen ein Abwägen, eine Entscheidung, die bei jedem etwas anders aussehen kann. Und gerade dafür braucht es vielfältige Erfahrungen – und das Gespräch mit anderen.

Großzügigkeit beispielsweise ist ein positiver Wert. Wie aber ist sie zu unterscheiden von Verschwendung? Mut ist ein positiver Wert. Wann aber schlägt er in Rücksichtslosigkeit oder Waghalsigkeit um?

Zur Erweiterung und Vertiefung der thematischen Auseinandersetzung können wir viele Geschichten in verteilten Rollen spielen lassen. So wird nicht nur der Verstand, sondern das ganze Kind angesprochen. Immer gilt: Je aktiver eine Auseinandersetzung um ein Sachthema geführt wird, umso mehr bleibt „hängen".

Für jüngere Kinder sind auch Handpuppen hilfreich. Die Puppen können die Geschichte nachspielen – oder eine Puppe wird für das Gespräch genutzt. Das heißt, die Fragen werden den Kindern von der Puppe gestellt.

Aufwändiger ist, die eine oder andere Geschichte von den Großen als kleines Theaterstück vorstellen zu lassen.

Werte müssen sich in der Realität bewähren. Erlebt ein Kind, dass es mit Lügen schnell einen Vorteil erreicht und erfährt es darin nie eine Korrektur, so wird das ungute Verhalten gefördert. Geschichten ersetzen die eigene Erfahrung nicht, aber sie erweitern den Erfahrungshorizont, bestätigen, reizen zum Widerspruch, vertiefen manchmal, fördern auf jeden Fall die Auseinandersetzung mit dem Alltag und die Entwicklung der sozialen Kompetenz.

Zum Aufbau des Buchs

Die Geschichten sind nach dem jeweils angesprochenen Themenschwerpunkt zu Kapiteln zusammengefasst. Am Anfang jedes Kapitels steht eine Einführung, dann folgen die einzelnen Geschichten.

Jeder Geschichte haben wir Erläuterungen für die Erzieher beigefügt, Angaben zu den angesprochenen Schwerpunkten und einen Hinweis zum Alter. Die eigene Einschätzung, ob die Geschichte gut passt, ist allerdings weit wichtiger als die Orientierung an der bloßen Altersangabe.

Für das anschließende Gespräch bieten wir Impulse in Form von Fragen zur Geschichte und zum weitergefassten Thema.

Vertrauen, Hoffnung, Mut

Kinder gehen aus sich heraus, neugierig, mit Vertrauen in sich selbst und in den Rückhalt durch andere, sie sind hoffnungsfroh, offen, geben auch gegen Widerstände nicht auf: Das wird geschätzt, wird von starken Wertvorstellungen getragen. Kinder können ihren vertrauenden Vorwärtsdrang aber verlieren, wenn sie darin zu oft enttäuscht und zu wenig bestätigt werden.

Zur Bestätigung gehört auch, das richtige Maß zu vermitteln: Wann ist etwas mutig, wann rücksichtslos gegen andere oder gefährlich halsbrecherisch? Wann kann jemand berechtigt Vertrauen zeigen, wann macht Vertrauen blind und unkritisch und ist sogar gefährlich? Wann bringt Hoffnung Kraft, wann lenkt sie auf unrealistische Bahnen und entmutigt letztlich?

Zu den Geschichten

Mona springt (Seite 17): Eine Voraussetzung von Mut wird thematisiert, das Vertrauen. Mona springt vom 3-Meter-Brett, ganz im Vertrauen, dass die Mutter schon da sein wird.

Miezer (Seite 20): Auch zur Neugier braucht es Mut, bringt das Neue, noch Unbekannte, doch Gefahren mit sich. Aber die Neugier wird belohnt.

Auf der Suche nach den sieben Zwergen (Seite 23): Hassan und Wibke entdecken auf der Suche nach Schneewittchen eine Waldwiese. Auch wenn das Vertrauen manchmal gar keine rechte Grundlage hat, gibt es uns doch Mut und eröffnet uns womöglich Neues, unerwartet Anderes.

Yannik bleibt dran (Seite 26): Mut besteht nicht nur in Vorwärtsstürmen, sondern kann auch mal bedeuten, seinen Platz zu halten, sich nicht gleich abweisen zu lassen. Yannik lässt sich auf der Suche nach Anschluss nicht entmutigen.

Anya holt Hilfe (Seite 29): Die selbstständige Anya zeigt in einer kritischen Situation den nötigen Mut.

Die Versammlung der Jungdrachen (Seite 32): Die Jungdrachen berichten über ihre Heldentaten. Der alte Drache Wackerstein kommentiert sie und gibt dem Mutigsten einen Preis.

Die Geschichte vom singenden Kamel (Seite 35): Vertrauen wird thematisiert, in den Gang des Lebens, und dass sich eine Lösung schon einstellen wird – wenn wir nicht aufgeben.

Mona springt

„Mona war eine Wasserratte. Kaum konnte sie selber laufen, ließ sie keine Pfütze aus. Am allerliebsten patschte sie mit nackten Füßen durch die Regenlachen.

Den dicksten Regenwurm nahm sie in ihre neugierigen Händchen, ließ ihn sich kringeln und winden, kicherte dazu – und ließ ihn dann behutsam zurück in die Regenpfütze gleiten.

In der Badewanne sang sie vom ‚Schiffle auf dem hohen See' und stupste vergnügt das rotes Boot an, das sie von Onkel Fred bekommen hatte. Erst wenn sie sich über und über eingehüllt in duftenden Badeschaum ihrem Papa gezeigt hatte, durfte das Wasser aus der Wanne abgelassen werden."

Solche Geschichten erzählt die Großmutter ihrem Enkelkind Lukas. Denn die Mona, das ist die Mutter von Lukas. Und Lukas mag das Wasser genauso wie seine Mutter.

„Eines Tages", erzählt die Großmutter, „steht die kleine Mona auf dem 3-Meter-Sprungbrett und winkt voller Stolz zu Opa und mir herunter.
Sie wollte springen, wie die Großen. Dabei konnte Mona noch gar nicht schwimmen.

Da half kein Rufen mehr, Mona war fest entschlossen.

Mit einem Satz sprang ich ins Becken und schwamm Richtung Sprungbrett.

Und Mona sprang auch!

Der Opa stand am Beckenrand und hielt sich den Kopf.

Mona versank mit ihren Schwimmflügeln. Und ich tauchte pfeilschnell hinterher, packte sie mit beiden Händen und hob sie über das Wasser.

Husten, Prusten, Kopfschütteln, Augenreiben.

In den Armen von Opa zitterte sie ein wenig und war eine Weile ganz still. Ihr Herz pochte wild.

Doch dann sagte sie: ‚Will noch einmal springen. Du bist ja da.'

Und das durfte sie dann auch. Wieder half ich ihr an die Wasseroberfläche. Jetzt wollte sie nur noch Schwimmen lernen und auch das Seepferdchen machen."

Zur Geschichte

Thematisiert: Vertrauen, Mut
Alter: Ab 4 Jahre

Um Mut zu entwickeln, ist es wichtig, einen Rückhalt zu haben, und Vertrauen.

Mona ist ein unerschrockenes Mädchen. Sie springt ins tiefe Becken, ohne zu ahnen, wie lange man da unter Wasser ist. Und dass man keine Luft bekommt und vielleicht Wasser schluckt.

Die Mutter konnte sie nicht mehr zurückhalten. Monas Wille war so stark. Und Mona wusste, wenn die Mutter da ist, und der Papa, und wenn ich Schwimmflügel trage, dann kann mir nichts passieren. Und sie hat Recht behalten.

Ihr Vertrauen in ihre Eltern verstärkte sich sogar noch nach dem Sprung. Denn gleich wollte sie noch einmal springen, obwohl sie Wasser geschluckt hatte und auch ein wenig zitterte.

Fragen zur Auseinandersetzung

- Wie findest du Mona?
- Was hätte passieren können, wenn die Mutter den Sprung von Mona nicht mitbekommen hätte?
- Was glaubst du, warum sich der Vater den Kopf hielt?
- Bist du auch schon einmal ins Wasser gesprungen?
- Hast du schon einmal etwas erlebt, wonach du dann Angst hattest?
- Hast du auch schon einmal etwas erlebt, wonach du dann noch mutiger warst, als vorher?
- Wem kannst du hundertprozentig vertrauen?
- Kann man auch dir vertrauen? Zum Beispiel, dass du dich an bestimmte Regeln hältst?

Miezer

Miezer, der junge Kater, schleicht sachte durch die fremde Wohnung, Maz und Musch, seine Geschwister, schauen ihm nach. Sie bleiben aber lieber im warmen Korb und räkeln sich träge. Bald wird Maria kommen und sie zurückholen ins eigene Haus.

Miezer streicht um die Stuhlbeine im Esszimmer. Er blinzelt zum Tisch hinauf. Was mag dort droben nur sein?

Maz und Musch beobachten ihn, aber sie bleiben liegen. Der Tisch ist doch viel zu hoch, das sehen sie.

Aber Miezer sieht mehr. Er springt am Stuhl hoch – und purzelt zurück. Ein neuer Versuch – und stolz schaut er vom Stuhlsitz auf seine Geschwister hinab.

Aber dann, dieser Duft! Er streckt sein Näschen in die Höhe. Ein weiterer Sprung – und er ist oben.

Er stupst ein Glas an und wundert sich, wie es schwappt. Er stupst noch einmal. Das Glas fällt um und Miezer springt zur Seite. Vorsichtig kommt er wieder heran und riecht, was da ausgelaufen ist. Bloß Wasser! Er schleckt ein wenig, dann schleicht er weiter.

Die Nüsse in der Schale mag er nicht – aber wie schön die doch kullern, wenn er dagegenpatscht! Als eine Walnuss über die Tischkante rollt und auf den Boden klackert, stockt Miezer erschrocken. Auch Maz und Musch schrecken auf.

Aber nichts weiter geschieht. So schleicht Miezer weiter. Und da, ein Volltreffer! Ein Teller – und ist das nicht

Fisch? Miezer schnuppert und kostet. Ein Blick zu den Geschwistern drunten im Korb, er maunzt und leckt sich das Schleckermaul.

Maz und Musch werden hellwach und laufen zum Tisch. Aber sie kommen zu spät. Als sie oben auf der Tischplatte stehen, sind nur noch ein paar Gräten übrig. Musch entdeckt noch ein Soßenschälchen – immerhin. Maz geht ganz leer aus und leckt sich das nasse Pfötchen.

Miezer ist schon wieder vom Tisch gesprungen. Was es in dieser Wohnung wohl noch zu entdecken gibt? Wer weiß.

Zur Geschichte

Thematisiert: Neugier, Mut

Alter: Ab 4 Jahre

Neugier und Mut werden belohnt.

Das eine Kätzchen ist neugierig und geht auf Erkundung, die anderen sind träge und bleiben im warmen Korb. Aber als sie sehen, dass Miezer sich das Mäulchen leckt, springen sie schnell heran. Zu spät! Der Erste bekommt den Fisch.

Fragen zur Auseinandersetzung

- Wie findest du Miezer?
- Wie findest du Musch und Maz?
- Bist du manchmal auch so neugierig wie Miezer?
- Hättest du an Miezers Stelle den Fisch mit den anderen geteilt?

Auf der Suche nach den sieben Zwergen

Hassan und Wibke wohnen im selben Mietshaus am Stadtrand. Morgens treffen sie sich für den gemeinsamen Weg zum Kinderhaus. Auch in der Kindergruppe hängen sie wie Kletten aneinander. Aber das Allerschönste ist, wenn die beiden am Nachmittag im Freien spielen können.

Doch heute brennt die Sonne erbarmungslos. Der Spielplatz ist leer. Die Fahrräder ihrer Freunde bleiben angekettet, keiner will in die Hitze.

So sind Wibke und Hassan allein unterwegs, mit Rucksack und Decke. Sie wollen zum Bach, in den nahe gelegenen Wald, dort ist es kühler.

Unterwegs fragt Wibke: „Glaubst du eigentlich, dass es im Wald Zwerge gibt?"

„Wie kommst du denn darauf?", entgegnet Hassan erstaunt.

„Gestern hat mir meine Mama ein Märchen vorgelesen, da ging es um sieben Zwerge, die in einer Waldhütte lebten und Besuch von Schneewittchen bekamen. Und ich würde so gerne auch die Zwerge besuchen."

„Deine Mama hat das vorgelesen, dann stimmt es", erwidert Hassan. „Aber ich weiß nicht, wo wir das Haus der Zwerge finden können."

Wibke strahlt. „Wir suchen es einfach. Im Wald ist es sowieso am schönsten heute."

Und so stiefeln die beiden in den Wald hinein. Die alte, dicke Tanne kennen sie gut, schon oft waren sie hier. Sie packen die Decke aus und vespern. Dann fragt Hassan: „Was glaubst du, wo könnte es denn jetzt zur Zwergenhütte gehen?"

„Hm, vielleicht über den Bach?"

Zwischen hohen Buchen steigen sie auf der anderen Seite hangauf. Dann wird es noch lichter: Hassan und Wibke treten auf eine Waldwiese.

„Eine Hütte sehe ich nicht", sagt Hassan enttäuscht.

„Aber hier steht ein Apfelbaum!" Wibke zeigt auf den Baum, der voller Äpfel hängt. „In dem Märchen isst Schneewittchen doch einen Apfel", sagt sie eifrig. „Und so rotbackig, wie die Äpfel hier sind ... Hurra, hurra", jubelt sie und tanzt um den Baum, „wir haben den Apfelbaum von Schneewittchen gefunden!"

Hassan hat derweil ein paar Äpfel gepflückt. Er reibt einen und beißt hinein. „Hm – willst du auch mal?" Wibke kostet und verzieht das Gesicht. „Ein bisschen sauer ..."

Sie sammeln die schönsten Äpfel und machen sich auf den Heimweg.

„Wo habt ihr denn die her?", fragt Wibkes Mutter beim Abendessen, als sie abends zwei Äpfel neben den Brotkorb legt. „Und wo wart ihr überhaupt so lange?"

„Wir waren im Wald", sagt Wibke, „und die Äpfel, die sind von Schneewittchen."

„Schneewittchen? Äpfel?" Die Mutter schaut von Wibke zu Hassan und wieder zu Wibke zurück. „Die gibt es im Märchen."

„Im Wald aber auch", sagt Hassan.

„Aber wo, das verraten wir nicht, das ist unser Geheimplatz."

Zur Geschichte

Thematisiert: Glauben, Zuversicht, Neugier

Alter: Ab 4 Jahre

Zuversicht ist eine treibende Kraft, Ungläubigkeit mag realistischer sein, führt aber nirgendwo hin.

Hassan und Wibke glauben an Zwerge. Deshalb machen sie sich auf den Weg, die Hütte von Schneewittchen und den sieben Zwergen zu suchen. Der Glaube an die Zwerge motiviert sie. Sie bleiben nicht einfach nur passiv beim Lesen oder Zuhören, sie machen sich auf den Weg. Nur durch den Glauben, ihre Neugier und Fantasie finden sie etwas – wenn auch etwas anderes, als sie gesucht haben. Ohne ihren Glauben an die Zwerge hätten sie den Apfelbaum nie entdeckt und ein spannendes Abenteuer nicht erlebt. Und nun haben sie auch noch einen Geheimplatz.

Fragen zur Auseinandersetzung

- Glaubst du, dass der Apfelbaum auf der Waldlichtung wirklich zu Schneewittchen gehört?
- Glaubst du, Hassan und Wibke hätten die Lichtung und den Apfelbaum auch so entdeckt, ohne nach den Zwergen zu suchen?

Yannik bleibt dran

Yannik ist neu in der Straße. Erst gestern haben die Möbelpacker sein Bett, die rote Lampe und die Kiste mit seinen Lieblingstieren die Treppen hochgeschleppt. Heute steht er verloren vor dem Garagentor. Er linst über das niedrige Buschwerk, hinüber zu den spielenden Kindern.

„Tor!“, der Ball rollt zwischen die beiden Jacken auf dem Asphalt. Yannik läuft auf die Straße und kickt ihn zum Torwart zurück.

„Was willst denn du?”, murrt der.

Yannik tritt einen Schritt zurück. Sein Herz klopft. Eigentlich will er davonlaufen, zurück in sein schönes, neu eingerichtetes Zimmer. Aber dann bleibt er doch.

Das Spiel geht hin und her. Die Kinder rufen, mal jubeln sie, mal ärgern sie sich oder streiten wegen eines Einwurfs. Yannik steht nur da und schaut zu.

Als wieder ein Ball zu ihm fliegt, will er erst ausweichen – aber dann stoppt er ihn doch. Ein Junge rennt her. Yannik gibt ihm den Ball.

„Willst du mitspielen?”, fragt der Junge und kickt den Ball zu den anderen.

Yannik nickt.

„Pass auf, Max”, schreit es von hinten. Und schon fliegt der

Ball durch die Luft auf die beiden zu. Max stoppt den Ball und spielt ihn Yannik zu.

„Das ist Yannik", schreit er über das Spielfeld, „der spielt jetzt bei uns!"

„Du bist ja schweißnass", wundert sich Mama, als Yannik die Treppe hochstürmt.

„Ich habe ein Tor geschossen!", ruft Yannik stolz und lässt sich auf sein Bett fallen.

In der Hängematte lümmelt sein Löwe.

Brüllt er nicht gar?

Mama hört nichts.

Zur Geschichte

Thematisiert: Beharrlichkeit, Mut

Alter: Ab 5 Jahre

Mut kann auch bedeuten, trotz Widerständen, trotz Niederlagen sogar, seinen Platz zu behaupten, für eine neue Chance. So bleibt Yannik bei den spielenden Kindern, obwohl er erst zurückgewiesen wird und sich am liebsten verdrücken möchte.

Yannik macht das von sich aus. Viele Kinder müssen dazu immer wieder ermutigt werden. Es gibt sehr viele Freizeitangebote. Wenn etwas nicht gleich klappt, entwickelt sich so leicht eine Tendenz, auszuweichen, das nächste auszuprobieren.

Spiele, so hier der Fußball, bieten eine gute Möglichkeit, sich in die Rolle von Verlierer und Gewinner zu finden, ohne dabei das Gesicht zu verlieren. Spielerisch werden neue Kontakte geknüpft und wir finden uns in eine neue Gruppe oder einen neuen Kontakt ein.

Fragen zur Auseinandersetzung

- Wärst du an der Stelle von Yannik gegangen, als ihn der Torwart angeschnauzt hat?
- Warum war der Torwart mürrisch zu Yannik?
- Yannik hat sein Herz klopfen gehört und ist etwas zurückgetreten. Ging dir das auch schon mal so?
- Yannik ist zu den spielenden Kindern gegangen. Gibt es noch andere Möglichkeiten, neue Freunde zu finden?
- Als Yannik wieder nach Hause kam, war er voller Stolz. Was glaubst du, warum?
- Bist du auch schon einmal auf etwas stolz gewesen?

Anya holt Hilfe

„Will selber", sagt Anya und versucht, ihre Ärmchen durch die Ärmel der Jacke zu ziehen. Ihre Zwillingsschwester ist schon fertig angezogen, und Mutter wird ungeduldig.

„Wenn ich dir helfe, geht es schneller", sagt Mutter.

„Will selber", wiederholt Anya – und schafft es schließlich auch mit den Ärmeln. Dass Mutter ihr derweil die Schuhe zuschnürt, merkt sie kaum.

Im Wald ist es schön. Das bunte Laub tanzt über ihnen im Wind. Die Sonne blinzelt zwischen schnell ziehenden Wolken. Anya muss die Augen zusammenkneifen, als sie hinaufschaut.

„Komm, Anya", ruft Mutter, die vorausgegangen ist, ihre Schwester an der Hand.

Anya rennt das Stückchen vor, wo die beiden warten.

„Immer zusammen bleiben", sagt Mutter. Sie will auch Anyas Hand fassen, wie schon die Hand der Schwester.

„Will selber", sagt Anya und macht sich los.

Sie gehen weiter, hinein in den Wald.

In der Nacht hat es geregnet, die Waldwege sind schmutzig und nass. Anya hat gerade ein buntes Blatt aufgehoben und schaut durch es hindurch ins helle Licht. Da passiert es. Mutter rutscht auf dem nassen Laub aus und fällt hin.

Erst will Anya lachen, und auch die Schwester. Aber dann hören sie Mutter stöhnen. Und dass sie gar nicht mehr aufsteht! Anyas Herz rast. Die Mädchen hocken sich neben die Mutter.

„Mama, Mama", beide weinen, als sie merken, wie weh ihr jede Bewegung tut.

„Ich hab mir den Fuß verknackst, vielleicht ist er sogar gebrochen", sagt Mutter mühsam. „Ich kann nicht mehr laufen. Ihr müsst heim und Hilfe holen."

Die Schwester weint und klammert sich an die Mutter.

Auch Anya zögert.

„Ich will nicht, ich will bei dir bleiben!“ Die Schwester zieht sich die Kapuze ins Gesicht.

„Findest du allein heim?“, Mutter schaut Anya an.

Anya nickt heftig.

„Dann geh zu Nachbar Zihan und sag, dass ich nicht laufen kann. Sie sollen einen Krankenwagen rufen. Und zeig ihnen den Weg. – Kannst du das?“

Anya schluckt. Dann nickt sie tapfer.

Als sie sich auf den Weg macht, halb gehend, halb rennend, hört sie hinter sich die Schwester weinen.

„Der Fuß ist gebrochen“, sagt wenig später der Arzt. Mutter kommt auf eine Bahre und wird in den Krankenwagen getragen. Nachbar Zihan hält die beiden Mädchen an den Händen. „Eure Mutter muss ins Krankenhaus“, sagt er. „Ihr kommt jetzt erstmal zu mir, bis euer Vater nach Hause kommt. Daheim rufen wir ihn gleich an. Ihr seid zwei tapfere Mädchen“, sagt er dann und drückt ihre Hände. „Du bist bei der Mutter geblieben, als sie verletzt war“, sagt er und schaut die Schwester an. „Und du hast dich auf den Weg gemacht und Hilfe geholt“, er zwinkert Anya zu, und sie wird ganz rot vor Stolz.

Sie verabschieden sich von Mutter. Auch Nachbar Zihan spricht noch ein paar Worte mit ihr. Dann steigt der Arzt vorne ein, und der Wagen rollt los. Die Mädchen schauen ihm nach. Anya wischt eine Träne fort.

Zur Geschichte

Thematisiert: Selbstständigkeit, Mut

Alter: Ab 5 Jahre

Anya will alles selber machen, die Schwester lässt sich gern helfen. Auf einem Waldspaziergang stürzt Mutter und bricht sich unglücklich den Fuß. Die Schwester bleibt bei ihr, Anya holt Hilfe.

Manche Kinder wollen alles selbst machen, andere lassen sich gern umsorgen. Beides ist in Ordnung. Die natürliche Entwicklung geht allerdings hin zur Selbstständigkeit. Wenn wir selbstständiges Verhalten immer wieder lobend anerkennen, unterstützen wir es. Das ebenfalls vorhandene Bedürfnis nach Geborgenheit und Hilfe müssen wir deshalb gar nicht abwerten.

Fragen zur Auseinandersetzung

- „Will selber", kennst du so etwas auch?
- Warum geht Anya Hilfe holen? Warum bleibt die Schwester bei der Mutter?
- Wärst du eher wie Anya Hilfe holen gegangen oder wärst du lieber bei der Mutter geblieben wie ihre Schwester?

Die Versammlung der Jungdrachen

Einmal im Monat ist große Versammlung der Jungdrachen auf dem Wackerfeld unter dem alten Vulkan. Da berichten alle, was sie vollbracht haben. Und der Mutigste bekommt als Preis einen besonders leckeren Kieselstein. Denn Kieselsteine, das mögen die jungen Drachen sehr.

„Ich bin über den Vulkan geflogen“, sagt Fünkchen stolz und richtet sich in seiner ganzen Größe auf. „Gerade als er Rauch ausgestoßen hat.“

„Das war mutig!“ Die anderen Jungdrachen klatschen.

„Und ganz schön leichtsinnig“, grummelt der Schiedsrichter, der alte Wackerstein, und kratzt sich an den Schädelschuppen seines Panzers. „Die Dämpfe sind giftig. Du hättest bewusstlos werden und in den Vulkan fallen können.“

„Na und?“, Fünkchen plustert sich auf.

„Und wer holt dich dann raus? Doch nur wieder deine Mama, die schon genug verbrannte Drachenschuppen daheim herumliegen hat.“ Wackerstein senkt den Daumen. „Der Nächste bitte!“

„Ich bin einem Wal so dicht um die Nase herumgeflogen, dass er abgehauen ist“, Flatterich blinzelt die anderen an.

„Das war mutig“, klatschen die Jungdrachen.

„Das war unverschämt und rücksichtslos“, grummelt Wackerstein und senkt gleich den Daumen. „Der Wal ist ein guter Freund von mir, damit du es nur weißt. Er hat sich über dich beschwert. Und weil du so gut Feuerspeien kannst, weiß ich auch eine Strafe für dich. Du entschuldigst dich bei ihm und wärmst ihm eine halbe Stunde lang die Schwanzspitze, die er sich beim Tauchen verkühlt hat.“

Mit niedergeschlagenem Blick tritt Flatterich zurück.

Sprührich tritt vor. „Ich bin ins Haus eines Menschen geflogen und hab mich im Spiegel betrachtet“, seine Stimme überschlägt sich fast.

„Das war mutig!“ Die Jungdrachen klatschen wieder.

„Ja“, sagt Wackerstein und zeigt mit dem Daumen nach oben. „Sich im Spiegel betrachten, dazu gehört schon etwas, für einen Drachen. Aber es war nur mutig, genützt hat es keinem, nicht einmal dir. Oder bist du etwa klüger gewesen danach?“

Sprührich schüttelt den Kopf und tritt zurück.

Der Nächste ist Mümmelchen. „Ich lag ganz friedlich auf einer Felsplatte und döste ein wenig vor mich hin, als mich plötzlich jemand nach dem Weg ins Grasel-Tal fragte. Erst machte ich ein Auge auf, dann noch das andere – und dann sprang ich auf den nächsten Baum und zitterte, dass die Äste wackelten. Aber die Stimme klang so traurig, da bin ich wieder heruntergestiegen und erklärte dem Hasen den Weg.“

„Dem Hasen!“ Die Jungdrachen weichen erschreckt einen Schritt zurück. „Er hat mit einem Hasen gesprochen!“

„Das war mutig“, sagt Wackerstein und deutet mit dem Daumen nach oben. „Ein Hase! Vor nichts hat ein richtiger Drache mehr Angst als vor diesem ungeheuerlichen Tier. Aber du hast die Angst überwunden und ihm den Weg gezeigt. Da mag er nun grasen. Das war mutig, und hat ihm genützt, und auch dir. Und uns allen! Nun ist er weit fort von uns.“

Mümmelchen hat sich unter all den Erklärungen schon den Kiesel geschnappt und ein Stück abgebissen. „Hm, lecker“, schmatzt er.

„Gibst du uns auch etwas ab?“, fragt Flatterich. Mümmelchen nickt, und sie verspeisen zusammen den Preis.

Zur Geschichte

Thematisiert: Mut

Alter: Ab 5 Jahre

Die Jungdrachen berichten ihre Abenteuer, der alte Drache Wackerstein kommentiert sie und gibt dem Mutigsten einen besonders leckeren Kieselstein.

Verschiedene Facetten von Mut werden dargestellt: Weder tollkühn noch rücksichtslos sollte es sein, auch nicht nur sinnlos auf sich selbst bezogen. Der beste Mut ist der, der allen nützt und keinem schadet.

Frage zur Auseinandersetzung

- Warst du auch schon mal mutig? (Besprechung verschiedener Nennungen).

Die Geschichte vom singenden Kamel

Aus dem Orient

Heiß weht heute der Wüstenwind über die Oase. Im dichten Schatten der Palmen haben sich die Kinder versammelt. „Bitte, bitte", drängen sie den alten Mann, der gerade eine letzte Dattel aus seinem Bündel hervorkramt, „erzähl uns eine Geschichte!"

Der Geschichtenerzähler lässt seine Blicke über die wachen Gesichter der Kinder wandern und streicht sich den langen weißen Bart. „Hm, was soll ich denn erzählen?", fragt er und schaut in die gespannten Mienen. Er neigt den Kopf zur Seite – dann setzt er sich aufrecht und beginnt in die Stille ringsum eine Geschichte, die sich so oder ähnlich vor tausend Jahren ereignet hat, irgendwo jenseits der Wüstendünen, wo das Land immer grün und fruchtbar ist.

Im Gerichtssaal der großen Stadt ging eine Verhandlung zu Ende. Der Kalif hatte einen Mann zum Tode verurteilt. Der Angeklagte schwieg mit verhülltem Gesicht. Aber als er weggeführt wurde, wandte er sich noch einmal um.

„Was ist noch!", sagte der Kalif ungehalten.

„Kalif", sagte der Mann, „Euer Urteil ist gerecht, denn ich habe Unrecht getan. Aber die Menschen könnten gering von Euerer Weisheit denken, wenn Ihr mich hinrichten lasst. Denn mit mir ginge ein Wissen verloren, das einzigartig in Euerem Reich ist."

„Was für ein Wissen soll das sein?", entgegnete der Kalif grimmig. „Wie man am besten stiehlt? Das wissen allzu viele der Menschen. Deshalb muss ich hier zu Gericht sitzen und solche Urteile fällen."

„Nein", antwortete der Mann und verbeugte sich tief. „Ich meine das Wissen, einem Kamel die Kunst des Gesangs zu lehren."

„Du willst einem Kamel das Singen beibringen?" Der Kalif lachte. „Das ist unmöglich!"

„Nein, tatsächlich, mein Kalif", sagte der Mann. „Ich kann einem Kamel das Singen beibringen. Gebt mir drei Jahre Zeit und ich werde es Euch beweisen."

Der Kalif überlegte. „Du willst nur deiner Strafe entgehen", sagte er dann. „Aber das nützt dir gar nichts. Ich gebe dir genau ein Jahr, keinen Tag mehr. Wenn du in dieser Zeit einem Kamel wirklich das Singen beibringst, sollst du frei sein. Wenn dir das aber nicht gelingt, wirst du sofort sterben. Du betrügst mich nicht noch einmal!" Der Kalif hob die Hand und der Mann wurde abgeführt.

Der Verurteilte bekam ein Kamel, und zum Wohnen ein Haus. Zwei Wachen des Kalifen standen davor. Und nun saß der Mann jeden Tag viele Stunden bei seinem Kamel und versuchte, ihm das Singen beizubringen. Manchmal war er alleine, manchmal versammelten sich Kinder, hörten ein bisschen zu oder verspotteten ihn. Er aber ließ sich nicht aus der Ruhe bringen. Jeden Tag setzte er sich von Neuem zu seinem Kamel und sang.

„Warum tust du dir das nur an?", sagte eines Tages eine der Wachen zu ihm. „Viele Wochen sind vergangen und du hast gar nichts erreicht. Und noch niemals hat jemand von einem singenden Kamel gehört. Das ist einfach unmöglich. Nach einem Jahr wirst du unweigerlich sterben."

Der Verurteilte sah den Wachmann an und lächelte. „Du bist klug", sagte er dann. „Aber es gibt noch etwas anderes. – Ich habe dem Kalifen ein Jahr abgerungen. Ein Jahr ist lang, da kann viel passieren.

Das Kamel könnte sterben – ich bekäme ein ganzes neues Jahr.

Oder der Kalif könnte sterben – sein Nachfolger hätte vielleicht Mitleid mit mir.

Oder ich selbst könnte sterben – dann wären alle Sorgen vorbei.

Oder", der Mann lächelte versonnen, „oder das Kamel könnte vielleicht wirklich lernen zu singen."

„Und, hat das Kamel singen gelernt?", fragt eines der Kinder den Geschichtenerzähler.

„Davon berichtet die Geschichte nichts mehr", antwortet der, „sie endet hier. Sie endet gerade hier, um uns zu zeigen, dass wir immer alles mit Zuversicht versuchen können. Auch wenn es misslingt, so ist es doch niemals umsonst, denn immer können wir dann sagen: ‚Ich habe alles versucht!' Ja, das ist die Geschichte vom singenden Kamel."

Zur Geschichte

Thematisiert: Vertrauen, Zuversicht, Beharrlichkeit
Alter: Ab 6 Jahre

Der zum Tode Verurteilte verschafft sich mit einer kühnen Behauptung ein Jahr Zeit. Er resigniert nicht, sondern versucht mit Zuversicht das Unmögliche. Auch wenn er es womöglich nicht schaffen wird, so kann ihn der Versuch doch zur Freiheit führen. Denn nur wenn man etwas versucht, kommt man weiter – dann eröffnet sich vielleicht auch ganz Unerwartetes.

Vertrauen in das eigene Handeln wird thematisiert, und Vertrauen in das eigene Geschick. Zuversicht und Beharrlichkeit tragen ihren Lohn bereits in sich.

Fragen zur Auseinandersetzung

- Glaubst du, das Kamel wird singen?
- Findest du es gut, dass der Mann alles versucht hat, um am Leben zu bleiben?
- Hast du auch schon einmal alles mögliche probiert, um etwas noch hinzubekommen?
- Stell dir vor, da ist ein Bach und zwei wollen ans andere Ufer. Der eine sagt: „Der Bach ist viel zu breit!", der andere sagt: „Das schaffe ich schon!": Welcher von beiden wird es schaffen?

Aufrichtigkeit

Nicht lügen, nicht stehlen sind einfach klingende Forderungen, Aufrichtigkeit ist ein starker Wert in unserer Kultur. Wie zeigt man Kindern, dass der einfachste Weg nicht unbedingt der beste ist? Dass es auf Dauer besser ist, aufrichtig zu sein und sein Versprechen auch zu halten? Durch gute Beispiele und Konsequenz.

Diebstahl, Ehrlichkeit – ein kitzliges Thema. Bestimmt alle Kinder (und Erwachsene) lügen auch mal, und Stehlen scheint im Kindesalter so etwas wie eine normale Entwicklungsstufe zu sein. Wenn man Stehlen aber als Problem direkt anspricht, ist meist wenig auszurichten. Vielleicht, weil es einen starken Verstoß darstellt, also eine Anklage enthält – gegen die sich das Kind verteidigen muss, durch Leugnen oder Relativieren.

Leuten, die einmal gestohlen oder gelogen haben, traut man so schnell nicht mehr über den Weg. Man meidet sie lieber, ist ihnen gegenüber mindestens unsicher. Eine solche Beziehungsunsicherheit ist für alle Beteiligten schlimm.

Es gibt auch eine Übertreibung von Aufrichtigkeit, etwa das Petzen. Cleverness, eigentlich gleichfalls ein positiver Wert, grenzt manchmal an Unehrlichkeit. Dass der Ehrliche der Dumme ist, wird schon zum Schlagwort. Aber ist das wirklich so?

Was ist eigentlich ein schlechtes Gewissen? Doch ersichtlich das Wissen, das deutliche Spüren, unrecht gehandelt zu haben. Es ist eine Hilfe zur Ehrlichkeit.

Zu den Geschichten

„Wir können tauschen" (Seite 41): Jonas stiehlt, um einmal mit den anderen mithalten zu können. Aber dann setzt ihm sein schlechtes Gewissen zu.

Ritter Freiherr von Knakke-Knumm (Seite 44): Sein Versprechen halten, obwohl handfeste Vorteile dagegen stehen – der Ritter und seine Mannen lassen sich nicht bestechen.

Karolina verkriecht sich (Seite 47): Karolina bestiehlt ihre Freundin. Aber dann schmecken ihr die Pommes nicht mehr und schlafen kann sie auch nicht.

In Haus und Hof sind alle doof (Seite 50): Ehrlich währt am längsten. Der kleine Fuchs erbeutet ein Huhn von Frau Gutmann. Der zweite Versuch allerdings bekommt ihm schlecht, die anderen sind nicht so dumm, wie er in seiner Überheblichkeit meint.

Carla und Sonja (Seite 54): Carla hat ihre Freundin nicht verpetzt – aber damit einen Diebstahl gedeckt. Der Konflikt setzt ihr sehr zu.

Ein ungleiches Wettrennen (Seite 57): Cleverness kann zum Sieg führen, auch wenn man weit unterlegen ist. Aber ist es auch ehrlich, die Regeln zu verbiegen?

„Wir können tauschen"

„Zeigst du mir mal deine Fußballspieler? Ich habe ein paar doppelt, wir können tauschen."

Jonas holt seine Karten heraus und blättert unlustig darin. Er weiß sehr gut, dass sie dieselben Karten schon letzte Woche verglichen haben, zu neuen fehlt ihm einfach das Geld.

„Hab ich alle schon", sagt Leon denn auch und wendet sich mit seinen Karten Ben zu, der gerade mit seinem funkelnagelneuen Mountainbike in den Hof einbiegt. Ben hat natürlich genug Karten, das ist immer so.

Auf einmal ist Jonas verschwunden. Die Freunde haben gar nichts davon mitgekriegt, vor lauter Freude über ihren einträglichen Tausch.

Am nächsten Tag kann Jonas mitmischen. Einen ganzen Stapel neuer Karten legt er stolz aus. Endlich kann er Ben mit seinen neuen Karten übertrumpfen.

Zu Hause klebt Jonas die getauschten Bilder in sein Heft ein. Die Tür hat er zugemacht. Als die Mutter ihn später zum Abendessen ruft, will er nicht mitessen. „Keinen Hunger", ruft er aus dem Kinderzimmer. Ungewöhnlich früh hört man sein Gurgeln beim Zähneputzen aus dem Bad.

„Was ist denn, Jonas?" Die Mutter hat sich auf seine Bettkante gesetzt.

Doch Jonas dreht seinen Kopf zur Wand.

„Bin halt müde, lass mich", mault er.

„Aber irgend etwas ist doch mit dir." Die Mutter zieht seine Bettdecke zurecht.

„Und Bauchweh hab ich auch."

„Seit wann geht es dir denn nicht gut? Du warst doch den ganzen Nachmittag mit deinen Freunden zusammen. Gab es Ärger?" Die Mutter bleibt sitzen.

Aber Jonas stellt sich schlafend. Schließlich erhebt sich die Mutter und geht. Leise schließt sie die Tür.

Als Jonas allein ist, kommen die Tränen.

Zur Geschichte

Thematisiert: Ehrlichkeit, Zugehörigkeit

Alter: Ab 5 Jahre

Wettbewerb ist für Kinder sehr wichtig. Man will mit den anderen mithalten können, in jeder Beziehung, auch bei dem, was man besitzt. Wer das nicht kann, wird leicht ausgeschlossen. Das kann zum Rückzug führen – oder zum Stehlen.

Jonas stiehlt Fußballerkarten, um auch mal was zum Tauschen zu haben, um dazuzugehören. Er wird nicht erwischt, die Rede ist so gar nicht von äußerer Strafe. Dagegen wird stark auf das schlechte Gewissen abgehoben, auf das eigene Empfinden von Recht und Unrecht. Denn dieses wollen wir schärfen.

Fragen zur Auseinandersetzung

- Weshalb, glaubst du, weint Jonas am Abend im Bett? (Das Gespräch sollte auch zu Tage bringen, dass Jonas die Bilder wohl gestohlen hat – in der Geschichte wird das nirgends direkt erwähnt!)
- Wer würdest du gerne sein in der Geschichte? Ben mit dem Mountainbike? Oder Jonas, der nie genug Geld hat?
- Wie würdest du Jonas helfen, das Bauchweh loszuwerden?
- Muss man denn immer ehrlich sein?
- Was würdest du dir von der Mutter wünschen?

Die Belagerung ging erfolgreich zu Ende, die Verteidiger der Burg hatten aufgegeben und zogen über die Zugbrücke ab.

Ritter Freiherr von Knakke-Knumm saß hoch zu Ross und beobachtete ihren Auszug.

Sein Streitross wieherte stolz und schlug mit den Hufen. Seine Mannen aber murrten.

„Schau mal, Knakke“, sagte der grimmige Heimrold, „was die mitnehmen! Alle goldenen Wasserhähne haben sie abmontiert und nehmen sie mit!“

„Das sind keine goldenen Wasserhähne“, sagte Freiherr von Knakke-Knumm. „Das sind ganz gewöhnliche Goldbarren. Potzblitz! Doch ich habe ihnen freien Abzug versprochen, auf mein Ehrenwort.“

„Aber schau mal“, sagte Hemischalt und schwang seine Streitaxt, „schubkarrenweise fahren sie die beste Ritter-Schokolade aus der Burg! Und ich hab solchen Appetit!“

„Das ist keine Ritter-Schokolade“, sagte Freiherr von Knakke-Knumm. „Das sind feinste Honigkuchen, Donnerwetter!“ Und er rieb sich die Rüstung über dem Bauch. „Doch ich hab ihnen freien Abzug versprochen, auf mein Ehrenwort.“

„Aber schau mal“, sagte Hennscheidt und prüfte die Schärfe seines Schwertes, „den besten Kakao führen die in großen Fässern mit aus unserer neuen Burg!“

„Das ist kein Kakao", sagte Freiherr von Knakke-Knumm, „das ist edelster Wein aus dem schönen Burgund. Hagelschlag und Regenguss! Doch ich habe ihnen freien Abzug versprochen, auf mein Ehrenwort."

„Können wir sie nicht ein wenig verprügeln?", fragte der grimmige Heimrold.

„Nein", sagte Freiherr von Knakke-Knumm, „und ihr wisst auch, warum."

„Können wir sie nicht ein bisschen zum Wahnsinn kitzeln?", fragte Hemischalt.

„Nein", sagte Freiherr von Knakke-Knumm, „und ihr wisst auch, warum."

„Können wir ihnen nicht wenigstens alle Sachen wegnehmen und sie den Berg hinunterrollen?", fragte Hennscheidt.

„Nein", sagte Freiherr von Knakke-Knumm, „und ihr wisst auch, warum."

„Schade, schade, sehr schade", sagten die Mannen im Chor und seufzten.

„Dafür sind wir ehrenhafte Ritter", sagte Freiherr von Knakke-Knumm. Er richtete sich hoch in seinem Sattel auf und stimmte eine Heldenballade an. Nacheinander fielen die Mannen ein.

Als die Abziehenden den grauenvollen Gesang hörten, hielten sie sich die Ohren zu. Aber das half nicht. Ihre Knie zitterten, schon wollten sich die ersten in den Abgrund werfen. Sie flehten und flehten – aber die Ritter hörten sie nicht.

Da boten die Abziehenden ihnen einen Barren Gold, damit sie mit Singen aufhörten. Und ein Fass Wein, damit sie wenigstens ein anderes Lied anstimmten. Und eine Kiste Honigkuchen, damit sie wenigstens leiser sängen.

Ritter Freiherr von Knakke-Knumm und seine Mannen, die ließen sich aber nicht bestechen. Sie sangen weiter und weiter, bis alle verschwunden waren. Dann zogen sie stolz in die eroberte Burg.

Zur Geschichte

Thematisiert: Wort halten, Ehrenhaftigkeit

Alter: Ab 5 Jahre

Ritter Freiherr von Knakke-Knumm hat den Belagerten der eroberten Burg freien Abzug versprochen – und daran hält er sich auch, egal was seine wilden Mannen ihm vorschlagen.

Sich auf das Wort eines anderen, auf sein Versprechen, verlassen können, ist eine wichtige Grundlage für das Vertrauen in andere. Wer darin oft schlechte Erfahrungen sammelt, wird verunsichert in seinem Vertrauen – und künftig anderen gegenüber womöglich argwöhnisch sein. Das aber ist schlecht für ein gutes Miteinander.

Fragen zur Auseinandersetzung

- Wie findest du den Freiherrn von Knakke-Knumm?
- Findest du gut, dass er sein Wort gehalten hat?
- Hast du auch schon mal dein Versprechen gehalten, obwohl das schwierig war?

Karolina verkriecht sich

Karolina geht heute ganz früh ins Bett. Als die Mutter nach ihr ruft, dreht sie sich schnell um und stellt sich schlafend. Leise öffnet die Mutter die Tür zum Kinderzimmer und setzt sich auf Karolinas Bettkante.

„Karolinchen, was ist mit dir?", flüstert die Mutter.

Doch Karolina reagiert nicht.

Lange Minuten bleibt die Mutter neben dem Mädchen sitzen. Sie streicht sanft über Karolinas Haare und deckt sie liebevoll zu. Dann die Schritte, die Tür und von Weitem die Stimmen.

Der Hund bellt. An der Haustür klingelt es.

Eine ernste Stimme klingt zu Karolina hinauf.

Ihr Herz beginnt zu rasen. Blitzschnell richtet sie sich auf, lauscht. Doch dann verschwindet die Stimme mit dem vertrauten Räuspern der Mutter hinter der Wohnzimmertür. Karolina wälzt sich hin und her. Könnte sie nur aufstehen und schauen, wer da gekommen ist!

Durch ihren Kopf schießen wilde Bilder. Der Trubel im Freibad, die vielen Menschen und wie flink sie den Rucksack ihrer Freundin im Gebüsch verschwinden ließ. Die Geldstücke, wie kalt sie sich anfühlten. Und wie die anderen ihr die Geschichte von Tante Monikas dickem Briefumschlag geglaubt haben. Und dann – endlich auch einmal das größte Eis mit den andern zusammen schlecken. Und sogar noch Pommes kaufen können, mit Majo!

Dann das Gesicht von Lisa, als sie merkte, dass ihr Rucksack verschwunden ist. Die hektische Suche – und wie halbherzig sie mitsuchte. Kreideblass war sie wohl, aber sie konnte ihre Übelkeit ja auf die fetten Pommes schieben. Das falsche Mitleid mit Lisa, und ihre Ausrede, früher als sonst nach Hause zu müssen.

Jetzt kullern ihr Tränen über die Wangen. Schluchzend verkriecht sie sich unter der Bettdecke.

Wieder die Stimme im Flur, und ein freundliches „Adieu".

Dann, kaum hörbar, geht die Tür ihres Zimmers auf.

Karolina spürt die Hand der Mutter auf der Bettdecke.

Schluchzend schmiegt sich Karolina in die Arme der Mutter.

„Morgen kommt Onkel Friedhelm noch einmal, weil er dich unbedingt sehen will."

Zur Geschichte

Thematisiert: Ehrlichkeit, Zugehörigkeit

Alter: Ab 6 Jahre

Karolina verschwindet früher als sonst im Bett. Sie wird von ihrem schlechten Gewissen geplagt, denn sie hat gestohlen. Die Stimme im Flur macht ihr Angst: Ob jetzt schon die Polizei kommt? Oder der Papa von Lisa? Das schlechte Gewissen lässt sie keine Ruhe finden. Die Erlebnisse malen Gespenster an die Wand. In den Armen der Mutter fühlt sie sich geborgen, da kann sie weinen und vielleicht die ganze Wahrheit erzählen.

Nicht mithalten können, wenn andere Kinder mehr Geld haben – das kann zum Diebstahl drängen. Das schlechte Gewissen ist eine Gegenkraft, und jemanden zu haben, dem man sein Herz ausschütten kann.

Fragen zur Auseinandersetzung

- Was denkst du, warum Karolina so früh ins Bett geht und dann doch nicht schlafen kann?
- Warum hat Karolina gestohlen?
- Weißt du, wie man sich fühlt, wenn man ein schlechtes Gewissen hat?
- Was kann man dann tun?
- Hast du so etwas wie Karolina auch schon einmal erlebt?

In Haus und Hof sind alle doof

In seinem Bau am Berghang ist es dem kleinen Fuchs langweilig geworden. Immer nur Mäuse fangen und in der Sonne liegen, das ist doch was für die Alten! Unten im Tal, wo Feldhasen und Rehe am Abend sich tummeln, da ist viel mehr los! Und erst recht trubelig muss es im Dorf zugehen. Das liegt weiter talabwärts und unser Bach fließt mitten hindurch, erzählt Papa Fuchs immer. Da blinkt es und hupt es, da schallen Stimmen und allerlei eigenartige Töne den Berghang herauf. Dorthin will ich. Die Beute wird fett sein, denkt der kleine Fuchs und leckt sich die Schnauze.

Zwischen Wacholderbüschen und Holunder, zwischen hohen Gräsern und wilden Möhren, pirscht er sich auf leisen Sohlen hinunter ins Tal. Frau Gutmann wohnt am Rande des Dorfs. Ihr Gartentor steht offen. Der kleine Fuchs schleicht leichtfüßig ans Haus. Trippel-trappel, tripp-trapp! – Und schon schlabbert das Füchslein den Napf von Kater Mozart leer. Das ist Frau Gutmanns schwarzer Liebling.

So etwas Feines gibt es daheim nie, denkt der kleine Fuchs und läuft um die Ecke, zur Scheune. Davor liegt Kater Mozart, räkelt sich in der Sonne und schnurrt. Doch so leise die Pfoten des Füchsleins auch sind, Mozart entgeht nichts! Schon schreckt er auf und faucht den Eindringling an.

Aber was kann dem kleinen Fuchs das schon anhaben! Husch, husch, wiedebusch, zwängt er sich, immer der Nase nach, zwischen zwei Brettern durch. Und schon steht er mitten im Hühnerstall. Die Hennen flattern wild durcheinander. Ob das den kleinen Fuchs beeindruckt? Ein mächtiger Satz – schon zappelt ein Huhn zwischen seinen Zähnen und er schlüpft mit ihm ins Freie.

Auf dem Weg zum Fuchsbau begegnet er einem Feldhasen, der wachsam seine Löffel aus dem hohen Gras streckt. „Na du Rotschwanz, wo hast du dich wieder herumgetrieben?", fragt er das Füchslein mit kecker Stimme.

„In Haus und Hof sind alle doof", rühmt sich der Fuchs seiner Schläue und zieht weiter. Dabei wäre ihm das Huhn fast aus dem Maul gefallen.

Als es am nächsten Abend zu dämmern beginnt, zieht der kleine Fuchs erneut den Berg hinunter, schnurstracks zum Gartentor von Frau Gutmann. Das Tor ist abgesperrt.

Dann probier ichs eben von hinten, denkt das Füchslein, da bin ich noch schneller im Stall.

Doch kaum erreicht er den Misthaufen, kommt bellend der Hofhund angejagt. Blitzschnell sucht der Dieb das Weite. Hasso schnappt zu und erwischt ihn am Schwanz. Au!, wie der Fuchs jault! Bis zum Waldrand verfolgt ihn Hasso mit lautem Gebell.

Auf einmal spitzt Hasso die Ohren. Er hört seinen Namen und den schrillen Pfiff von Frau Gutmann. Da lässt er ab von seiner Verfolgungsjagd und kehrt um. Der kleine Fuchs rennt und rennt. Die Augen im langen Gras bemerkt er gar nicht. Aber der Hase hat alles gesehen und schmunzelt. Völlig zerzaust verkriecht sich das Füchslein endlich im Bau.

Am nächsten Tag sieht der Hase, wie der kleine Fuchs mit eingezogenem Schwanz durch die Wiese streift. Höhnisch schlägt der Hase seine Haken und traut sich heute viel näher an den Fuchs heran.

„Frech ist nicht schlau, bleib lieber im Bau", ruft er ihm zu, und verschwindet im tiefen Gras.

Dem kleinen Fuchs aber dämmert erst jetzt, wie viel Glück er gehabt hat. Fast hätte ihm der Hofhund das Fell abgezogen. Und da fällt ihm auch wieder ein, was seine Mutter ihm beigebracht hat: Suchst du ehrlich dein Futter, kannst du es in Ruhe genießen. Denn ehrlich währt am längsten.

Zur Geschichte

Thematisiert: Neugier, Mut, Ehrlichkeit

Alter: Ab 4 Jahre

Der kleine Fuchs ist neugierig und mutig. Aber er ist auch frech und dazu noch überheblich. Alle andern sind für ihn doof! Zunächst hat er Glück und erbeutet ein Huhn. Aber schon beim nächsten Mal erwischt es ihn kalt und er entkommt nur knapp. Jetzt besinnt er sich an das, was er von seinen Eltern beigebracht bekam. Ehrlich seinen Hunger zu stillen ist besser, als unrecht eine fette Beute holen und dabei sein Leben riskieren.

Freilich herrschen in der Natur andere Gesetze als bei uns Menschen. Zum Überleben müssen Füchse Beute machen. Doch müssen es die Hühner von Frau Gutmann sein? Hasso sagt: Nein!

Fragen zur Auseinandersetzung

- Was glaubst du, wie sich der kleine Fuchs nach der Verfolgungsjagd fühlt?
- Warum denkst du, hat der kleine Fuchs den Schwanz eingezogen?
- Was gefällt dir am kleinen Fuchs und was nicht?
- Hast du auch schon einmal ein schlechtes Gewissen gehabt? Wie fühlt sich das an?
- Es gibt ein Sprichwort: Wer den Schaden hat, braucht für den Spott nicht zu sorgen. Wer sorgt in der Geschichte für den Spott?

Carla und Sonja

Carla konnte die Nacht kaum schlafen. Und auch jetzt beim Frühstück ist sie ganz durcheinander.

„Pass auf mit dem Orangensaft!", sagt die Mutter.

„Träumst du wieder?", sagt der Bruder und lacht.

Im Hort ist Carla ganz schlecht. Sie will hinaus auf die Toilette, aber Frau Nieborg hält sie zurück. „Nicht jetzt. Jetzt bleiben alle hier und ich frage nochmal, wer das Geld aus Stefanies Rucksack genommen hat."

So ruhig ist es selten. Aber Blicke gehen hin und her. Und die zappelnden Beine!

„Das hat jemand genommen, es ist nicht einfach verloren", sagt Frau Nieborg. „Der Reißverschluss stand auf, und auch der Geldbeutel war offen."

Carla ist bleich. Sie war es nicht, nein, aber sie weiß, wer es war. Nämlich Sonja, ihre beste Freundin, neben der sie auch jetzt sitzt. Als sie allein im Flur waren, hat Sonja gekichert, den Rucksack geöffnet und das Geld herausgenommen.

„Weil die immer so blöd tut. Das hat sie jetzt davon", hat sie dazu gezischt.

Natürlich hat sich Sonja zuvor sehr über Stefanie geärgert. Aber das ist eine andere Geschichte. Jetzt ist das Geld weg, Frau Nieborg steht da mit ernstem Gesicht und Carla weiß nicht, was sie tun soll.

Das Geld zu nehmen, war schlecht. „Spinnst du?", hat Carla im Flur auch gleich zu Sonja gesagt. Aber die hat nur böse gefaucht. „Geschieht ihr recht!" Und „Wehe, du verrätst mich!", hat sie dann noch hinzugefügt.

Natürlich ist Stefanie gleich zu Frau Nieborg gelaufen. „Siehst du, die blöde Kuh!", hat Sonja darüber zu Carla gesagt. „Sonst hätte ich ihr das Geld ja wiedergegeben – aber jetzt nicht. Sie ist selbst schuld!"

Frau Nieborg hat sich dann den Rucksack angeschaut und

alle zusammengerufen. Wer sich das Geld ausgeborgt hat, solle es wieder zurücklegen, den ganzen Tag sei noch Zeit.

Aber das Geld ist nicht aufgetaucht. Und auf dem Nachhauseweg hat Sonja gesagt: „Das kriegt sie nicht wieder. Jetzt erst recht nicht!"

Aber dass Frau Nieborg es damit nicht bewenden lässt, war auch klar. Deshalb konnte Carla kaum schlafen.

Carla ist so vertieft in ihre Gedanken, dass sie zusammenschrickt, als Frau Nieborg das Schweigen unterbricht. „Heute noch", sagt sie, „den ganzen Tag kann das Geld heute noch zurückgegeben werden. Vielleicht war gestern ja keine Gelegenheit. Wer es genommen hat, kann es einfach unter die Matte vor dem Büro legen, ich gebe es dann Stefanie. Frau Nieborg klatscht in die Hände und sie singen alle gemeinsam ein Lied.

Den Tag über kann Carla kaum jemandem in die Augen sehen. Auch mit Sonja spricht sie nur ganz kurz: „Bitte leg das Geld hin!", fleht sie schon fast. Aber Sonja sagt nichts.

Zur Verabschiedung ruft Frau Nieborg wieder alle zusammen. Sie singen das Abschiedslied. „Guten Heimweg", sagt Frau Nieborg. „Und übrigens: Das Geld ist wieder aufgetaucht." Schon unter der Tür beginnt Carla zu singen.

Zur Geschichte

Thematisiert: Ehrlichkeit – Zusammenhalt

Alter: Ab 6 Jahre

Aus Ärger hat Sonja Geld aus dem Rucksack eines Mädchens genommen. Carla stand daneben, aber sie will ihre Freundin nicht verpetzen und schweigt. Das setzt ihr sehr zu. Sie findet Stehlen falsch und findet, dass Sonja das Geld zurückgeben sollte. Die Erzieherin beharrt auf einer Klärung – was schließlich zur Lösung führt.

Eine Geschichte, bei der viel offen bleibt und die deshalb in mehrere Richtungen besprochen werden kann.

So wird nicht thematisiert, warum Sonja das Geld gestohlen hat, nur dass sie selbst durchaus einen Grund dafür sah. Eine Fragerichtung ist also, ob es Gründe dafür geben kann, etwas Schlechtes zu tun. Und ob das Tun von etwas Schlechtem entschuldbar ist.

Offen bleibt auch, wer das Geld zurückgelegt hat. Carla könnte das Geld ersetzt haben. Aber auch etwa Frau Nieborg. Oder sonst jemand, dem die Situation zu anstrengend war. Wäre es richtig, so zu handeln?

Im Mittelpunkt der Geschichte aber steht Carlas Zwiespalt.

Fragen zur Auseinandersetzung

- Warum hat Sonja geklaut?
- Warum ist Carla so blass?
- Was hätte Carla tun sollen?
- Hätte Carla denn petzen sollen?
- Hat Stefanie auch Schuld?
- Wer hat wohl das Geld zurückgelegt?
- Findest du, dass Frau Nieborg gut mit der Sache umgegangen ist?

Ein ungleiches Wettrennen

Einmal veranstaltete der Emu ein Wettrennen.

„He, Kleiner", sprach er zum Kakadu, „hast du Lust, mit mir zu rennen?" Dabei schielte er auf dessen kurze Beine.

Der Kakadu krächzte: „Warte ab, ich hab meine Erfahrungen mit Langbeinern, wie du einer bist, schon gemacht."

„Wenn du meinst", grinste der Emu. „Dann lass uns starten."

„Auf drei gehts los", kommandierte der Emu, „also, komm, stell dich hinter die Startlinie." Die zog er schnell mit seinen Krallen in die Erde.

„Hinten, am großen Stein", er reckte seinen langen Hals, „kehren wir um und laufen dieselbe Strecke zurück."

„Abgemacht", krächzte der Kakadu.

Eins – zwei – drei – und los gings.

Der Emu raste los. Der Kakadu trippelte einige Schritte hinterher. Dann breitete er seine Flügel aus und hob ab. Am Wendestein machte er lässig eine Kurve und flog geradewegs ins Ziel.

Der Emu hatte vom Kakadu gar nichts bemerkt. Er keuchte und schoss um den Wendestein. So schnell wie der Wind ging es weiter. „Juhu", jubelte er, als er die Ziellinie vor sich auftauchen sah, „Sieger!"

Doch da empfing ihn bereits der Kakadu mit einer bunten Feder im Schnabel. „Für den Verlierer", lachte er ihn aus. „He, du, Großer, wer war denn nun der Schnellste?"

Der Emu war sprachlos. Bislang hatte er jeden Wettlauf gewonnen.

Irgend etwas geht hier nicht mit rechten Dingen zu, dachte der Emu.

Könnt ihr dem Emu vielleicht helfen?

Zur Geschichte

Thematisiert: Gerechtigkeit, Ehrlichkeit
Alter: Ab 5 Jahre

Der Emu ist ein straußenähnlicher Vogel in Australien. Er kann sehr schnell laufen, aber nicht fliegen. Auch der Kakadu lebt dort, der nur sehr unbeholfen laufen, aber gut fliegen kann.
Da startet also ein ungleiches Paar zu einem Wettlauf. Dass gelaufen wird, bestimmt der langbeinige Emu, der damit von vornherein als Gewinner feststeht. Ist das gerecht? Doch der Kakadu hält sich nicht an die Regeln. Er fliegt, anstatt zu laufen. Er ist clever und bringt den überheblichen Emu damit um seinen Sieg. Aber gerecht ist das nicht, oder?

Fragen zur Auseinandersetzung

- Wer gefällt dir besser, der Emu oder der Kakadu? Warum?
- Findest du es richtig vom Emu, so einen Wettkampf zu veranstalten, wo er doch blitzschnell ist und der Kakadu nur trippeln kann?
- Findest du es gut, dass der Kakadu geflogen ist, obwohl sie doch rennen wollten? Warum?
- Hast du auch schon einmal jemanden reingelegt?
- Wurdest du schon einmal hinters Licht geführt? Wie hast du dich gefühlt, als du dann die Wahrheit erfahren hast?
- Was würdest du tun, wenn du keine Chance zu gewinnen hättest?

Empathie und Selbstgefühl

Einfühlen in den anderen – und in sich selbst. Was möchte ich eigentlich? Was ist mir wichtig? Was tut mir eigentlich gut? Handfest ist das zu erleben etwa beim Hineinschlingen von Süßigkeiten. Dazu brauche ich Empfindung für mich selbst. So kann ich auch das richtige Maß für mich finden.

Was sind die Bedürfnisse von anderen? Wie gelingt der Umgang mit anderen? Dafür brauche ich ein Empfinden für die anderen Menschen. So bringe ich mich in die Gemeinschaft ein.

Differenzierungsvermögen, wie es sich in Sensibilität, Achtsamkeit, Nachempfindung ausdrückt, ist ein starker Wert. Jede Kultur entsteht aus Differenzierung.

Sich selbst und die anderen kennen, das bedeutet dann auch mal, persönliche Bedürfnisse zurückstellen, wenn man mit anderen etwas unternimmt. Oder etwa Unbequemes in Kauf nehmen für das, was für mich stimmig ist.

Zu den Geschichten

Kirschen rot (Seite 59): Romina klettert so hoch in den Baum, dass sie feststeckt. Ellen hilft ihr beim Abstieg. Kann ich spüren, was mutig und was waghalsig ist?

Paul und die Gummibärchen (Seite 64): Paul quengelt nach Gummibärchen, weil ihm das Wandern zu anstrengend wird. Das Naschwerk ist nah, der See noch so weit.

Laras Briefe (Seite 67): Lara schreibt mitten im Sommer ans Christkind. Denn die Eltern streiten sich, und Lara will, dass alles wieder gut ist, dass sich die Eltern wieder vertragen.

Die Prinzessin und das Salz (Seite 71): Die Prinzessin schenkt ihrem Vater zum Geburtstag ein Säckchen mit Salz. Erst ist er wütend, aber dann erkennt er seinen Wert. Eine Geschichte über die Wertschätzung des Selbstverständlichen und Kleinen.

Vom Glück (Seite 74): Patrizia versteht nicht, was Oma mit dem Spruch im Poesiealbum und der Geschichte meint. Ob ihre Freundin weiß, was Glück ist? Sie schreibt ihr.

Die Nachtigall und der goldene Käfig (Seite 77): Die Tür ihres goldenen Käfigs steht offen: Bleibt die Nachtigall im Palast, wo sie verwöhnt und bewundert wird, oder fliegt sie hinaus in die Freiheit?

„Zu viel!" (Seite 80): Der kleine Bruder will „zu viel" Eis. Aber als die Mutter Anna auf den Fernseher anspricht, lacht sie nicht mehr, sondern merkt, wie schwer es ist, das richtige Maß zu finden.

Kirschen rot

„Ganz oben sind die schönsten!“, Ellen und Romina stehen unter dem Kirschbaum und spähen hinauf. Ein verstohlener Blick zum Küchenfenster – die Eltern haben gesagt, dass die Kirschen schon reif sind.

Eine alte Holzkiste ist schnell herbeigeholt. Schon steigen die beiden ins Blättergrün und greifen nach den glänzenden Früchten. Sie stopfen sich ihre Taschen voll. Die Lippen färben sich kirschrot.

Ellen hat es sich in einer Astgabel gemütlich gemacht und mampft. Wie weit die Kirschkerne fliegen! So hoch ist sie gestiegen!

„Hallo, du da unten!“, Ellens Blick geht hinauf zu ihrer Freundin, die noch ein ganzes Stück in den Wipfel gestiegen ist. „Mein Turnschuhbeutel ist voll!“

„Aber ich kann viel weiter spucken als du!“ Ellen führt es gleich vor.

„Und ich seh sogar den Storch auf dem Kirchturm sitzen“, ruft Romina aus der Baumkrone. „Komm doch!“

Ellen schaut zu ihrer Freundin hoch – und dann hinab zur Kiste. „Komm du doch runter! Mir gefällt es hier besser!“, ruft sie zurück.

„Au!“, schreit sie, als ein Kirschkern sie trifft. Ellen versucht, zurückzuspucken, aber von oben nach unten geht es natürlich viel leichter. „Du bist gemein!“

„Komm doch hoch!“, ruft Romina noch einmal.

„Mir reichts“, ruft Ellen. Sie schiebt sich noch ein paar Kirschen in ihre Hosentasche und steigt hinunter. Da merkt sie: Abwärts ist es noch schwieriger als den Baum hinauf.

Ellen steht im Gras neben der Kiste, reibt sich die Knie und späht durch das Grün der Blätter in den Wipfel. „Was ist?", ruft sie.

Aber Romina steckt fest. Sie hat sich verstiegen.

„Ich weiß gar nicht mehr, wie ich so hoch gekommen bin", hört Ellen sie klagen. „Siehst du, auf welchen Ast ich zurücksteigen kann?"

„Warte, ich hab da eine Idee." Flugs rennt Ellen hinüber zum Schuppen und holt sich die lange Stange, mit der Opa im letzten Jahr die Zwetschgen heruntergeschüttelt hat.

Geschickt bugsiert sie die Stange durch das Geäst und rüttelt damit an einem starken Ast unter Rominas Füßen. „Dahin kannst du steigen."

Romina linst aus ihrer luftigen Höhe nach unten. Sie hat schon weiche Knie, aber sie schafft es, vorsichtig einen Fuß auf den Ast zu setzen. Und sich einen neuen Halt für die Hände zu suchen. Und dann der andere Fuß.

Wenig später hüpft sie auf die Kiste. Ellen streckt ihr die Hände entgegen.

„Puh!", Romina schüttelt sich.

Im Gras zeigt sie Ellen ihren prall vollen Beutel. „Und wie viele hast du?", fragt sie.

„Ohne mich wärst du gar nicht mehr heruntergekommen", sagt Ellen und zieht eine Schnute. „Die Feuerwehr hätte dich holen müssen."

„Ich hätte es schon geschafft", meint Romina und wischt sich den Schweiß von der Stirn.

Ein paar Tage später treffen die beiden sich bei Romina. „Seit vorgestern träume ich immer von der Feuerwehr", erzählt Ellen ihrer Freundin. „Ich nicht", sagt die, „ich träume von Kirschkuchen."

„Den gibt es nachher", sagt Rominas Mutter und geht.

Auf dem Fenstersims liegt ein Haufen Kirschen, ganz eingeschrumpelt.

Zur Geschichte

Thematisiert: Mut, Vorsicht

Alter: Ab 5 Jahre

Romina steigt etwas zu weit und kommt in Schwierigkeiten, Ellen ist zwar auch auf den Kirschbaum gestiegen, hat sich aber nicht so weit vorgewagt. Beide sind sie hinterher klüger. Und haben etwas zusammen erlebt.

Mut ist gut, Vorsicht ist gut. Kinder müssen in neuen Situationen abschätzen lernen, ob eher Mut oder Vorsicht angebracht ist. Und sie müssen sich nach ihrem eigenen Spüren und Ermessen entscheiden.

Mut lässt uns etwas erreichen, aber er kann uns auch in Schwierigkeiten bringen. Manche Gefahren lassen sich erst einschätzen, wenn wir einmal mitten drin waren. Und bei diesem Ausprobieren lernen wir uns selber besser kennen – und auch die anderen.

Fragen zur Auseinandersetzung

- Warum, glaubst du, ist Romina so hoch hinaufgestiegen?
- Glaubst du, dass Ellen auch mal so hoch wie Romina steigt?
- Findest du Romina zu waghalsig?
- Findest du Ellen ängstlich?
- Glaubst du, dass Romina das nächste Mal auch wieder so hoch steigt?
- Wie findest du es, dass viele Kirschen von Romina am Ende verdorben sind?
- Wolltest du lieber Ellen oder Romina sein?
- Bist du auch schon mal auf einen Baum geklettert?
- Warum sind gerade Kirschbäume gefährlich? (Antwort: Die Äste können leicht brechen.)

Paul und die Gummibärchen

„Mehr, mehr", schreit Paul, als die Mutter die Fruchtgummis einpackt und damit die Vesperpause beendet.

„Wenn ich keine Gummibärchen mehr kriege, dann bleib ich einfach hier sitzen."

„Wir haben aber noch eine gute Stunde Fußweg zu schaffen", meint der Vater. „Und schau dir mal den Himmel an, da ziehen Gewitterwolken auf."

Familie Kern ist nämlich in aller Frühe aufgebrochen. Sie wollen mit ihrem Sohn zum Badesee. Dort steht die Hütte von Tante Lena, wo sie übernachten wollen.

Aber Paul streikt. Ihm ist das jetzt egal. Er will nichts anderes als Gummibärchen und hat auch keine Lust mehr zum Wandern.

„Gut, du kriegst noch eine Handvoll, dann aber gehen wir zügig weiter."

Es war mal wieder die Mutter, die ihrem Sohn nichts abschlagen konnte. Doch bereits nach wenigen Minuten hatte Paul seine Bärchen vertilgt.

„Ich hab keine Gummibärchen mehr, ich will noch mehr haben."

„Nein, abgemacht ist abgemacht", sagt der Vater.

Doch Paul weiß, wie er es machen muss. Er drückt sich an seine Mama, er knatscht und weint. Da knistert es in ihrer Tasche und wieder reicht sie Paul ein paar von den Süßigkeiten. So geht es weiter, bis schließlich alle aufgegessen sind.

Erste Regentropfen fallen vom Himmel.

„Wir müssen uns beeilen", ruft der Vater. „Wenn du so herumtrödelst, Paul, werden wir patschnass!"

„Bitte trag mich, Papa, ich hab so Bauchweh."

„Nein, tragen kann ich dich nicht, aber ich nehm dich an die Hand und wir rennen zusammen den Berg hinunter."

„Nein, dann frag ich die Mama!"

Und was macht sie, sie trägt ihren Sohn. Jetzt wird der Papa wütend und schimpft mit beiden.

„Immer dasselbe", schreit er, „das war mein letzter Ausflug mit euch!"

„Du bist schuld, Mama, du hast mir alle Gummibärchen gegeben", meint Paul.

Papa schaut grimmig, Mama ist bedrückt, die Schritte fallen schwer.

Nach der letzten Kuppe breitet sich vor ihnen der See aus. „Schaut mal", ruft Paul, „ich seh auch schon die Hütte!" Und nun ist er nicht mehr zu halten.

Vater und Mutter werfen sich Blicke zu.

Bald stehen sie unter dem Vordach der Hütte und schauen hinaus auf den See. Und als die ersten Sonnenstrahlen zwischen den Regenwolken hervorblinzeln, ist aller Ärger vergessen.

Zur Geschichte

Thematisiert: Sensibilität für sich und andere, Selbstbeherrschung
Alter: Ab 4 Jahre

Paul quengelt beim Wandern. Als die Mutter immer wieder seine Wünsche erfüllt, platzt dem Vater der Kragen. Und Paul gibt auch noch der Mutter die Schuld. Paul muss mitziehen, sonst werden alle patschnass.

Sich bei gemeinsamen Unternehmungen nicht ausklinken, sobald mal eine Durststrecke zu überwinden ist, nicht nur das im Augenblick Angenehme wollen, sondern auch mal etwas auf sich nehmen und die eigenen Bedürfnisse zurückstellen: Das ist nicht nur für Kinder schwierig!

Fragen zur Auseinandersetzung

- Wie findest du, dass die Mutter Paul immer noch Gummibärchen gibt und ihn sogar ein Stück trägt?
- Wie findest du, dass der Vater schimpft?
- Wie hättest du es gefunden, wenn die Eltern zusammen mit Paul nur Gummibärchen gegessen hätten, anstatt zu wandern?
- Hast du auch schon mal etwas aufschieben müssen, weil eine gemeinsame Sache sonst nicht geklappt hätte?

Laras Briefe

Hirschau, 29. Juni

Liebes Christkind,

seit letztem Weihnachten ist bei uns daheim alles anders geworden. Vielleicht weil ich größer geworden bin oder nicht alles mag, was meine Mama kocht, oder weil ich auch mal mit Katharina streite.

Ich weiß es nicht.

Mama singt auch nicht mehr mit uns, und Märchen erzählt Papa schon lange keine mehr.

Wenn ich frage, was denn los ist, werde ich abgewimmelt. „Stell keine so schwierigen Fragen", sagt Papa. Und Mama schickt mich dann sogar in mein Zimmer.

Früher war es beim Mittagessen immer so schön. Auch wenn es mal nicht so geschmeckt hat. Weil eben alle da waren und miteinander geredet haben. Aber jetzt schweigen alle und ich möchte am liebsten weglaufen.

Bitte, liebes Christkind, mach doch, dass dieses Jahr Weihnachten schneller kommt, dass alles wieder wie früher ist und mir das Essen besser schmeckt.

Deine Lara

P.S.: Katharina hat mir beim Schreiben von diesem Brief geholfen.

Hirschau, 7. Juli

Liebes Christkind,
es hat sich immer noch nichts gebessert. Sogar unsere Katze zieht den Schwanz ein und springt aufs Fensterbrett, wenn Papa heimkommt. Und Mama telefoniert stundenlang im Schlafzimmer mit ihrer Freundin. Wir dürfen dann nicht stören, sonst kriegen wir Schimpfe.
Im Bett hörte ich sogar so Worte wie „blöd" und „dumme Kuh" und „arigant", was sie uns verboten haben. Aber sie meinten, ich höre sie nicht.
Wenn du vielleicht Weihnachten nur in diesem Jahr ein klein bisschen früher machen könntest! Es braucht dafür auch gar nicht zu schneien. Und Geschenke will ich auch nicht.

Deine Lara

Hirschau, 12. Juli

Liebes Christkind,
und jetzt ist auch noch unser Auto futsch. Die Mama ist damit gegen unser Garagentor gefahren, weil das noch zu war. Und Papa hat dann fürchterlich geschimpft, aber Mama auch.
Seither essen wir mittags gar nicht mehr zusammen, und Papa kommt abends auch immer später heim.
Aber sie streiten nun nicht mehr, sondern sagen gar nichts.
Das ist aber fast noch schlimmer.
Wenn du Weihnachten nur ein kleines bisschen früher machen würdest, dann würde ich auch alle Silberfäden ganz alleine auf den Baum hängen. Und ich würde mir jeden Abend vor dem Schlafengehen die Zähne putzen, ohne die Sanduhr früher umzudrehen.

Lara

Hirschau, 15. Juli

Liebes Christkind,
gestern ist etwas passiert, das ich dir gleich schreiben muss. Da habe ich mich nämlich mit Katharina gezankt, weil sie von meiner Schokolade gegessen hat. Du weißt doch, von der goldenen mit den Nüssen, die du mir letzte Weihnachten geschenkt hast und von der ich immer noch einen Riegel aufgehoben habe. Und die hat sie dann auch noch ausgespuckt und gemeint, deine Schokolade würde eklig schmecken.
Wir haben uns richtig arg gestritten und haben gebrüllt, bis uns die Eltern auseinandergezogen haben.
Ich hab das mit der Schokolade erzählt, und Katharina hat das nach einer Weile auch zugegeben. Vater sagte, ich sollte Katharina doch verzeihen und wir sollten uns wieder vertragen. Aber ich habe gesagt: Nein! Weil die Eltern das doch auch nicht tun. Warum soll dann ich? Und es war auch so schön, mal wieder Papas Arme um mich zu spüren.
Aber als es dann still war, habe ich nach einer Weile eben doch gesagt, dass ich Katharina verzeihe. Und seither ist nicht nur mit Katharina alles gut, sondern Papa kommt wieder früher nach Hause und wir essen auch wieder zusammen zu Mittag. Und wir reden dabei. Und Papa hat zum Nachtisch fünf Tafeln Schokolade mitgebracht, und sogar Mamas Lieblingssorte, die mit den Kirschen.
Jedenfalls brauchst du Weihnachten jetzt doch nicht früher zu machen. Aber ich wünsche mir dafür wieder etwas, nämlich ein richtig schönes gelbes Briefpapier.

Deine Lara

Zur Geschichte

Thematisiert: Verzeihen
Alter: Ab 6 Jahre

Kinder haben ein sehr feines Gespür für Spannungen, Veränderungen, Ärger. Wird mit den Kindern jedoch nicht über mögliche Ursachen von Problemen gesprochen, können sich Hilflosigkeit, Schuldempfinden und Aggressionen gegen sich und andere einstellen.

In der Geschichte leidet Lara unter einem Streit ihrer Eltern. Die Ursache versteht sie nicht, und deshalb ist alles besonders belastend.

Eltern sind die wichtigsten Vorbilder für Kinder, im Guten wie im Schlechten. Dass auch einmal die Eltern von den Kindern lernen können, das zu hören, wird besonders die Kinder freuen – aber vielleicht auch den Eltern gut tun.

Fragen zur Auseinandersetzung

- Weshalb, glaubst du, schreibt Lara mitten im Sommer Briefe ans Christkind?
- Was findest du schlimmer: Wenn laut gestritten wird? Oder wenn über einen Ärger gar nicht gesprochen wird?
- Was kann man denn tun, um seinen Ärger loszuwerden und sich wieder zu vertragen?
- Kennst du jemanden, der sich schnell wieder mit dir verträgt, wenn du mal Ärger mit ihm hattest?
- Kennst du jemanden, dem Verzeihen ganz schwer fällt?
- Was hättest du dir an Laras Stelle vom Christkind gewünscht?

Die Prinzessin und das Salz

Frei nach dem Märchen „Das Unentbehrlichste"
von Ludwig Bechstein (1856)

Ein König hatte Geburtstag. Seine drei Töchter überreichten ihre Geschenke.

„Ich schenke dir diesen Ring aus Gold", sagte die Älteste. „Denn ich liebe dich so sehr wie das wertvollste Metall, das unsere Schatzkammer füllt."

Der König war zufrieden und nahm den Ring an.

Die zweitälteste Tochter trat vor. „Ich schenke dir ein feuriges Pferd, denn ich liebe dich so sehr wie unser Land, das du auf ihm dann durchstreifen kannst", sagte sie.

Der König war zufrieden und nahm das Pferd an.

Nun trat die jüngste Tochte vor, die er am meisten liebte. „Ich schenke dir dieses Säckchen mit Salz", sagte sie. „Denn ohne die rechte Würze schmeckt auch die leckerste Speise fad. Ich liebe dich so wie das Salz."

„Salz!", sagte der König überrascht und enttäuscht. Dann wurde er wütend. „Du bist die Tochter, die ich am meisten liebe, und du vergleichst mich mit einer Prise Salz?"

Er stampfte mit dem Fuß auf, er rief nach seinem Kanzler und verwies die Tochter des Landes. Nie mehr sollte sie zurückkehren. Und alles Salz des Landes sollte sie mitnehmen. Und im ganzen Land, so ließ er den Kanzler aufschreiben, sollte künftig bei Todesstrafe kein Salz mehr verwendet werden.

Der Kanzler setzte zu sprechen an, aber der König war so wütend, dass er nichts hören wollte. Und so geschah es, wie er befohlen hatte.

Die Prinzessin fuhr noch am Abend in einem schäbigen Wagen aus der Stadt. Und alles eilig zusammengetragene Salz wurde aus dem Land gebracht. Soldaten wachten darüber, dass kein Körnchen Salz mehr in das Königreich kam.

Nach ein paar Tagen ließ der König den Koch rufen und sagte: „Was ist los? Das Essen schmeckt mir nicht mehr. Alles ist fade. Ich wünsche, dass wieder besser gekocht wird!"

Der Koch sagte: „Im ganzen Königreich gibt es kein Essen, das schmeckt. Die Gasthäuser stehen leer, aber zu Hause schmeckt es den Leuten auch nicht."

„Woran liegt das?", fragte der König. „Hat es eine Missernte gegeben? Haben die Ratten das Mehl verdorben? Oder die Schnecken das Gemüse gefressen?"

„Nichts von alledem", sagte der Koch, „es fehlt das Salz."

Da wurde der König nachdenklich. Er ließ sein neues Pferd satteln und ritt aus dem Schloss. Er kam an ein Gasthaus und sprach mit den Leuten. Er ritt zu den Bauern und nahm an ihrem Tisch Platz. Er besuchte den Markt in der Stadt. Er schüttelte immerzu verwundert den Kopf.

Zurück im Schloss ließ er den Kanzler holen und erteilte ihm einen Auftrag.

Wenig später stand seine jüngste Tochter vor ihm, die der Kanzler schon in weiser Voraussicht hatte zurückholen lassen. „Du bist doch meine Liebste", sagte der König und küsste sie auf beide Wangen. „Und meine Klügste dazu!"

Seither wird im Königreich wieder mit Salz gekocht. Und niemand verachtet mehr etwas, nur weil es klein und gering scheint.

Zur Geschichte

Thematisiert: Achtung vor den kleinen Dingen
Alter: Ab 5 Jahre

Gold schätzt der König. Er ist erzürnt, weil seine Lieblingstochter ihm nur Salz zum Geburtstag schenkt. Als er aber alles Salz aus dem Königreich verbannt, erkennt er dessen Wert.

Das Selbstverständliche – wie leichtfertig und gedankenlos wird oft mit ihm umgegangen! Die kleinen Dinge in unserem Alltag wahrnehmen, sie schätzen lernen, davon erzählt die Geschichte.

Fragen zur Auseinandersetzung

- Warum glaubst du, wird der König zornig? Und warum tut ihm das später leid?
- Findest du, dass die jüngste Prinzessin den König klug beschenkt hat?
- Gibt es für dich auch etwas, das ganz unscheinbar ist, das dir aber wichtig ist?

Vom Glück

Liebe Anna,
du musst mir unbedingt helfen. Ich kann überhaupt nicht verstehen, was meine Großmutter mit diesem Satz meint:
„Das Glück ist nicht woanders, sondern immer da, wo du bist, du musst es nur sehen lernen."
Diesen Spruch hat mir meine Großmutter ins Poesiealbum geschrieben. Aber wo soll denn da Glück sein, wenn ich am Abend das Zimmer aufräumen muss und mir auch noch vor dem Schlafen die Zähne putzen soll? Wie kann ich glücklich sein, wenn mein Bruder im Krankenhaus liegt und immer weint, wenn wir wieder nach Hause gehen? Bist du vielleicht glücklich? Du kannst so viel lachen und schreibst immer gute Noten. Ach ja, und eine Geschichte hat mir die Großmutter erzählt, die kapiere ich auch nicht. Ich versuche mal, sie dir zu schreiben.
Ein Mann reiste durch die ganze Welt. Überall fand er etwas, das ihm gefiel. In New York kaufte er ein berühmtes Bild, in Paris einen ganz teuren Mantel, in Sydney einen schillernden Opal und in Stuttgart den neuesten Mercedes – und den belud er in Zürich mit der besten Schokolade, die es überhaupt gibt.
Aber das Glück, das schienen immer die anderen zu haben, das konnte er nirgends finden und schon gar nicht kaufen. Eines Tages begegnete ihm ein alter Mann. Den fragte er nach dem Wertvollsten, was es überhaupt gibt. Nämlich nach dem, was glücklich macht.
Der alte Mann schickte den Reichen nach Hause. Gehe in deinen Garten, sagte er, setz dich ins Gras und bleib eine Zeit einfach sitzen. Das machte der Mann. Und da geschah etwas, das er bisher nicht gekannt hatte. Er sah die Bienen fliegen und hörte die Hummeln brummen. Er sah zum ersten Mal das leuchtende Gelb der Sonnenblumen und die zarten Blätter der Cosmea. Er roch den Dill und kostete neugierig den Geschmack einer Stachelbeere. Er nahm einen Brocken vom Maulwurfshügel in sei-

ne Hand, zerbröselte ihn und ließ die Erde zwischen seinen Fingern hindurchrieseln.
Eine Ameise krabbelte über seinen Schuh. Er zertrat sie nicht, sondern schaute, wie sie eine Tannennadel fortschleppte und wie andere Ameisen ihrer Spur folgten, um ihr dabei zu helfen.

Da merkte der Mann auf einmal, wie reich er doch war. Die Tiere und Pflanzen waren ihm noch nie richtig aufgefallen. Nur wenn ihn ein Grashalm kitzelte oder eine Mücke ihn stach, nahm er sie überhaupt wahr. Aber dann war er ja verärgert und ging schnell zurück ins Haus. Jetzt aber huschte ein Lächeln über sein Gesicht.
Lange noch blieb er sitzen – bis der Mond aufging. Und zum ersten Mal sah er eine Sternschnuppe.
Schnell etwas wünschen! Aber was nur? Eigentlich habe ich alles bereits, dachte er. Und mehr als das, was ich habe, brauch ich zum Glücklichsein nicht.
Und stell dir vor, Anna, dann verkaufte der Mann seinen neuen Mercedes, den schönen Opal und alle seine teuren Klamotten und verschenkte das Geld an Kinder, die keine Eltern mehr haben und auf der Straße leben müssen.
Und jeden Tag sah man den Mann in seinem Garten. Und immer hatte er ein liebes Wort auf seinen Lippen, und Zeit, Zeit für andere. Und das schien sein Glück zu sein.
So hat die Oma erzählt. – Kapierst du das?
Komm bald! Dann gehen wir hinaus in den Garten, und vielleicht finden wir ja einen echten Schatz.
Ich kann es kaum erwarten, dich so schnell wie möglich wieder zu sehen.

Liebe Grüße
Deine Patrizia

Zur Geschichte

Thematisiert: Glück, Achtsamkeit, Zufriedenheit
Alter: Ab 7 Jahre

Die Großmutter schreibt Patrizia einen Spruch ins Poesiealbum, den das Mädchen nicht versteht. Und dann erzählt die Großmutter eine Geschichte, die für Patrizia auch schwer zu verstehen ist. Deshalb fragt sie in einem Brief ihre Freundin Anna, ob sie ihr dabei helfen kann.
Glück, was ist das nur? Wie fühlt sich das an? Glück ist überall, man muss es nur erkennen. Und am Ende ist es nichts Großes, es ist immer schon da gewesen. Doch zuerst muss der Mann die Erfahrung in der Welt machen, muss dem alten Mann begegnen und von ihm zurückgeschickt werden in sein Zuhause. Und dort findet er sein Glück. So können manchmal unspektakuläre Erlebnisse und Begegnungen das Glück wecken, das man ganz woanders gesucht hat.

Fragen zur Auseinandersetzung

- Was macht dich denn glücklich?
- Was macht dich so richtig unglücklich?
- Mit wem kannst du über solche Dinge reden?
- Kennst du jemanden, von dem du glaubst, dass er glücklich ist?
- Was glaubst du, wo kann man das Glück finden?
- Wie fühlt es sich an, wenn man glücklich ist?

Die Nachtigall und der goldene Käfig

Es war einmal eine Nachtigall, die hatten Menschen gefangen und in einen goldenen Käfig gesetzt. Der Käfig aber stand im Palast eines Prinzen.

Die Nachtigall war die ersten Tage sehr traurig. Sie saß nur stumm auf einem Zweig des künstlichen Baumes in ihrem Käfig und wollte weder fressen noch trinken. Immer wieder schlug sie mit den kleinen Flügeln – aber die Gitterstäbe waren so nah und so eng.

Nach ein paar Tagen erst fielen der Nachtigall die Menschen auf. Da war ein dauerndes Kommen und Gehen, denn der goldene Käfig stand in einem Wintergarten. Die Menschen liebten ihn sehr, und eine Tür führte direkt hinaus in den Park.

Manche der Menschen waren groß, andere klein. Manche hatten weite bunte Kleider an, andere kleideten sich ganz in Weiß. Manche plauderten froh, andere schwiegen. Alle aber konnten sie offenbar gehen, wohin sie wollten – nur die Nachtigall nicht.

Einer der Menschen blieb oft lange vor dem Käfig der Nachtigall stehen und sah zu ihr hinein. Das war der Mann, der für alle Vögel im Palast zu sorgen hatte, und er sah dann nicht glücklich aus.

Eines Tages aber begann die Nachtigall wieder zu singen, erst stockend, dann immer heller und klarer. Ihr Lied, das so lange verstummt gewesen war, brach aus ihrer Kehle hervor. Von ihrem Schmerz sang sie erst, vom Käfig, von der Enge der Stäbe. Vom kahlen Baumwinzling in ihrem Gitterhaus.

Dann hob sie ihren Kopf und sang Strophen der Freiheit: Von den prächtigen Kronen der Bäume sang sie, von ihren Blättern im Abendlicht, vom Wind und vom Himmel, durch den sich die Vögel schwingen, von der Sonne, vom Raunen der Nacht, vom Grillenzirpen im Sommer, vom Regen, vom Duft der Blumen und Gräser.

Die Menschen blieben stehen und lauschten ihr. Die Nachtigall sang so schön und so innig, wie sie nur konnte.

Bald kamen Menschen nur ihretwegen. Sie kamen, sie hörten ihr Lied und verließen wieder den Raum, ohne in den Park gegangen zu sein.

Dem Prinzen wurden viele Kostbarkeiten für die Nachtigall angeboten, aber er gab sie nicht her. Die Nachtigall fühlte etwas wie Glück.

Da vergaß die Dienerin nach dem Säubern, den Käfig wieder zu verriegeln. Als sie allein war, stieß die Nachtigall gegen die goldene Tür. Leicht schwang sie auf. Die Nachtigall flatterte hinein in den Wintergarten.

Unter der Decke hing ein Kronleuchter aus klarem Kristall. Auf dem blieb sie sitzen und schaute sich um. Dort war die offene Tür hinaus in die Freiheit. Da war ihr Käfig, vor dem sich die Menschen bald schon versammeln würden, um ihr zu lauschen.

Da saß sie, die Nachtigall, und schaute sich um. Was sollte sie tun? Ihr kleines Herz pochte schnell.

Von draußen waren Schritte zu hören. Die Nachtigall spreizte die Flügel, sie flog los, am Käfig vorbei, hinein in die Welt.

Zur Geschichte

Thematisiert: Glück, Freiheit, Anerkennung

Alter: Ab 5 Jahre

Im Prinzenpalast ist die Nachtigall in einem goldenen Käfig gefangen. Sie erfährt zwar Bewunderung für ihren Gesang – aber sobald sie kann, entwischt sie doch in die Freiheit.

Oft stehen mehrere Verlockungen nebeneinander. Zu spüren, was für mich stimmig ist, wo ich mich wirklich wohl fühle, ist oft nicht leicht. Manchmal ist es wichtig, aus der Bequemlichkeit auszubrechen, um den frischen Wind der Freiheit zu spüren. Im Palast bekommt die Nachtigall sicher alle Leckereien vorgesetzt, aber die Mücken und Würmchen der Freiheit sind ihr am Ende doch lieber.

Fragen zur Auseinandersetzung

- Wärst du an Stelle der Nachtigall lieber im Palast geblieben?
- Warum ist die Nachtigall aus dem Käfig und dem Palast fortgeflogen?
- Welche Gründe gäbe es für die Nachtigall, im Palast zu bleiben?
- Welche Gründe gibt es für die Nachtigall, den Palast zu verlassen?
- Was ist für dich bequem und doch irgendwie ungut?

„Zu viel!"

„Wieviel Eis willst du denn?", fragt die Mutter.

„Bitte, bitte, *zu viel*!", bettelt der kleine Bruder.

Anna lacht, aber die Mutter mit dem Eis in der Hand sieht überrascht aus und zögert.

„Er will *zu viel*!", Anna lacht nochmal.

Die Mutter schält mit dem Löffel Eis aus dem Behälter in das Schüsselchen des Bruders, der sich gleich darüber hermacht.

„Wovon willst *du* denn zu viel?", fragt die Mutter Anna.

„Von nichts!", giggelt Anna. „Ich will immer genau richtig, nicht zu viel und nicht zu wenig."

Die Mutter blickt sie an: „Aber was ist zu viel und was ist zu wenig?"

„Zuviel ist, wenn mir schlecht wird", Anna schaut zufrieden in ihr Schälchen. „Das ist genug", sagt sie dann und strahlt die Mutter an.

Als für Anna Schlafenszeit ist, liegt der Bruder längst schon im Bett. Anna hat es sich vor dem Fernseher gemütlich gemacht, eine Packung Chips neben sich.

„Anna, willst du heute wieder *zu viel* fernsehen?", fragt die Mutter ganz freundlich.

Anna bleibt doch tatsächlich der Mund offen stehen. „Bloß noch ein bisschen!", wollte sie sagen, wie jeden Abend.

„Aber das ist nicht zu viel, das ist zu wenig!", sagt sie endlich.

„Du wirst immer gereizter und wirrer, je länger du fernsiehst", sagt die Mutter. „Also ist es zu viel."

„Aber der Film ist so schön!", sagt Anna.

„Der Film muss nicht schlafen, aber du, Anna!", sagt die Mutter. „Auf wen musst du hören?"

„Auf den Film!", mault Anna.

Die Mutter wartet einfach nur.

„Auf mich", sagt Anna dann endlich.

„Und ich will den Film sehen", setzt sie hinzu.

„Du willst den Film sehen", sagt die Mutter. „Aber du bist auch müde. Auf was willst du hören?"

Der Fernseher plappert weiter vor sich hin, in das Schweigen. Schließlich geht Anna und schaltet ihn ab.

Zur Geschichte

Thematisiert: Das richtige Maß finden, Achtsamkeit auf die eigenen Bedürfnisse
Alter: Ab 6 Jahre

Wie finden Kinder das Maß? Das Eis ist gut, aber dann wird einem doch schlecht davon. Der Film ist spannend, aber die Müdigkeit nimmt zu und äußert sich in Kribbeligkeit, Gereiztheit.

Auf sich selbst hören, auf die Zeichen des eigenen Körpers, will bei all den Verlockungen um uns herum gelernt werden. Was tut mir noch gut und was nicht mehr?

Anna lacht, als der kleine Bruder „zu viel" Eis will. Aber sie merkt dann, dass es ihr eigentlich auch so geht, und wie schwer es ist, den Fernseher auszuschalten.

Fragen zur Auseinandersetzung

- Gibt es etwas, von dem du immer „zu viel" willst?
- Kannst du spüren, was „zu viel", „zu wenig", „genug" ist?
- Wie spürst du, ob etwas „zu viel" ist? Beim Schaukeln etwa? Beim Fernsehen? Beim Computerspielen? Beim Essen?
- Wenn es „zu viel" ist, kannst du dann auch wirklich aufhören?
- Bist du immer ganz ehrlich zu dir, bei dem, was „zu viel" ist?
- Glaubst du, dass Anna den Fernseher ausgemacht hat, weil sie gespürt hat, dass es „zu viel" war, oder nur wegen ihrer Mutter?
- Hättest du auch den Fernseher ausgeschaltet oder nun gerade erst recht weiter fernsehen wollen?

Gemeinschaftssinn

Die Geschichten in diesem Kapitel beschäftigen sich mit Werten, die Gemeinschaft fördern – und mit dem notwendigen Gegenpol, der Selbstständigkeit.

Kinder wollen das, was sie können, auch selbst tun. Selbstständigkeit ist ein starker Wert in unserer sehr individualistisch ausgerichteten Kultur. Aber nur zusammen mit einem Gemeinschaftsgefühl wird er ausgewogen. Selbstständigkeit und Gemeinschaft widersprechen sich also nur scheinbar.

Denn wir sind alle getragen von der Gemeinschaft. Wer immer nur für sich das Beste herauszuholen versucht, schadet nicht nur den anderen, sondern letztlich auch sich selbst.

Achtsamkeit und Sensibilität, Wertschätzung, auch Toleranz Fremdem gegenüber, schaffen eine freundliche Atmosphäre im Zusammenleben. Freundschaft kann sich entwickeln. Wer sich wohl und angenommen fühlt, kann auch leicht mit anderen teilen.

Zu den Geschichten

Fränzi und Robert malen (Seite 85): Robert hat den Urlaub auf einer Ranch verbracht und zeigt stolz seinen Cowboyhut, Fränzi war im Allgäu bei den Großeltern. Sie hat nichts Großartiges erlebt, aber viel Zuneigung erfahren.

„Meiner, meiner!“ (Seite 88): Moritz nimmt Paul den Kran weg. Der spielt einfach etwas anderes. Und bald spielt Moritz mit.

Die Biene Mummelgold (Seite 90): In den Schlehenblüten am Waldrand gibt es keinen Nektar mehr. Aber als Mummelgold sich auf eigene Faust aufmacht, findet sie reiche Ernte und erzählt den anderen davon.

Warum es im Schwarzwald keine Zwerge mehr gibt (Seite 93): Die Freundschaft zwischen Zwerg und Braunbär zerbricht, weil der Zwerg immer nur an sich selber denkt.

Der Fuchs und der Wolf (Seite 96): Der Wolf hat Beute gemacht, teilt aber nicht mit dem Fuchs. Als Jäger nahen, warnt ihn der Fuchs deshalb nicht.

Die Schnecke und der Schmetterling (Seite 98): Der Schmetterling meint die Schnecke bedauern zu müssen – aber sie weiß gar nicht, warum.

Der Bauer kennt seine Ziegen (Seite 101): Zicklein Peper ist temperamentvoll, seine Schwester Roni wird wegen ihrer ruhigen Art mehr gemocht. In seiner Eifersucht verletzt er sie. Aber der Bauer merkt, was los ist.

Kann Narvina zaubern? (Seite 104): Narvina hört genau zu, was die alte Frau erzählt – und malt dann einen Marienkäfer aus der Geschichte. Am nächsten Tag bekommt sie einen Blumenstrauß.

Fränzi und Robert malen

„Fränzi, wo warst du denn im Urlaub?", fragt Robert, der stolz mit seinem neuen Cowboyhut auf dem Kopf ein Pferd malt.

„Warte mal, bis mein Bild fertig ist, dann kannst du es vielleicht erraten."

Mit gelber Wachsmalkreide malt Fränzi dicke Striche kreuz und quer aufs Papier. Aus dem Gelb heraus springt ein schwarzes Knäuel mit vier Beinen, und noch viel kleiner ein graues Ding mit langem Schwanz. Eine Leiter ist zu sehen, die mitten im Gelb endet. Und um das große Haus liegt eine grüne Wiese mit braun-weiß gefleckten Vierbeinern.

„Ein Bauernhof", ruft Robert. „Bist du auch auf einem Pferd geritten?", will er gleich wissen.

Doch Fränzi antwortet nicht. Sie malt und malt und singt dabei ein Lied, das ihr die Oma beigebracht hat: „D Bäure hot Katz verlorn, woiß net wo se isch ..."

„Ich kann dich ja kaum verstehen, Fränzi, und das Lied hab ich auch noch nie gehört", wundert sich Robert.

„Du warst ja auch nicht bei meiner Oma und bei meinem Opa im Allgäu, sagt Fränzi und zieht dabei eine freche kleine Schnute.

„Aber dafür war ich in Amerika auf einer Ranch mit richtigen Cowboys und ganz vielen Pferden und ich durfte reiten so lange ich wollte und hatte sogar ein eigenes Pferd."

„Und ich durfte im Stroh bei der Minka schlafen, die drei Junge hat."

„Wer ist denn Minka?", fragt Robert.

„Ja die Katze natürlich", sagt Fränzi und zeigt ihm das schwarze Knäuel auf ihrem Bild.

Und erst jetzt sieht Robert auch noch die drei kleinen Knäuel neben dem großen.

„Die kamen sogar her und spielten mit mir." Fränzi kommt nun richtig ins Schwärmen. „Dabei purzelten sie immer wieder

ins Stroh, weil sie noch so tapsig waren. Aber voll goldig waren die, und so weich. Und ich hab sogar gesehen wie die Jungen bei ihrer Mama Milch getrunken haben, bis sie eingeschlafen sind. Mucksmäuschenstill lag ich neben den Kätzchen. Die Oma rief nach mir, aber ich konnte ja keine Antwort geben, weil sonst alle Kätzchen wieder aufgewacht wären. Und dann bin ich auch eingeschlafen. Erst als der Opa mich zudeckte, wachte ich auf. Aber er lächelte mich so lieb an und legte sich neben mich und schlief mit mir im Stroh."

Robert sagt: „Ich war bei meinem Onkel, aber der hat nur Pferde, und mit denen spricht er sogar. Aber mit mir allein hat er nichts gemacht. Und neben mich ins Stroh gelegt, hat er sich auch nicht. – Aber zum Abschied, da hat er mir einen nagelneuen Cowboyhut geschenkt, schau mal!"

Fränzi blickt Robert kurz an und erzählt dann weiter: „Als es draußen schon wieder hell wurde, streichelte der Opa mir über den Kopf und zupfte mir das Stroh aus dem Haar. Zum Frühstück gab es frische Milch und ein weich gekochtes Ei von den Hühnern. Und die Oma schnitt uns von ihrem frisch gebackenen Brot ab. Dann kam sogar noch die Minka und schlabberte neben uns ihr Milchschälchen leer. Aber der Opa, der hat noch nie so gestrahlt."

Zur Geschichte

Thematisiert: Zuwendung, Geborgenheit

Alter: Ab 4 Jahre

Robert hat die Ferien weit weg bei seinem Onkel auf der Ranch verbracht, aber er war viel allein. Auch Fränzi erlebte auf dem Bauernhof eine ganze Menge, vor allem aber genoss sie die Zuneigung der Großeltern. Ihr Bild ist voller Farben und Leben, die sie noch immer erfüllen. Robert glänzt mit seinem Cowboyhut, viel mehr scheint nicht geblieben zu sein.

Zuwendung und Geborgenheit sind viel wichtiger als die weite Reise oder das tolle Souvenir.

Fragen zur Auseinandersetzung

- Wem haben die Ferien wohl besser gefallen, Fränzi oder Robert? Warum, glaubst du?
- Warst du auch schon einmal bei Verwandten in den Ferien, weil deine Eltern nicht mit dir wegfahren konnten?
- Muss man für schöne Erlebnisse immer weit wegfahren?
- Was wäre dir wichtiger, ein tolles Geschenk oder ein schönes Erlebnis mit anderen zusammen?

„Meiner, meiner!"

„Gib her, gib her!", Moritz reißt Paul den Kran aus der Hand.

„He, das ist meiner!", ruft Paul.

Aber Moritz dreht den Kran weg, damit Paul nicht drankommen kann, und lacht hämisch.

„Meiner, meiner ist das jetzt", ruft er und tanzt mit dem Kran in die Mitte des Raums. Dann setzt er sich hin und fängt an zu spielen. Immer wieder schaut er dabei auf Paul.

Alina ist zu Paul gekommen und fragt ihn: „Warum lässt du dir das gefallen? Du hast doch gerade den Kran gehabt."

„Soll er ihn doch haben", antwortet Paul. „Ich wollte ihn sowieso nicht mehr. Komm, wir spielen Brücke bauen!"

Und schon sind die beiden ganz bei ihrem neuen Spiel.

Moritz schaut zu den beiden hinüber. Den Kran hat er stehen gelassen. Nun gibt er ihm einen Schubs. Der Kran rollt ein Stück über den Boden.

Noch ein Schubs.

Der Kran fällt um.

„Darf ich mitspielen?", Moritz ist zu Paul und Alina gegangen. Die beiden sind ganz in ihr Spiel versunken, sie hören ihn nicht.

„He, darf ich mitspielen?" Moritz versucht es noch einmal.

„Aber du hast den Kran bekommen", sagt Paul.

„Ich will doch nur mitspielen", sagt Moritz.

Als eine Weile später eine Erzieherin an den Dreien vorbeigeht, freut sie sich, wie schön die Kinder zusammen spielen. Den Kran legt sie zurück in die Kiste.

Zur Geschichte

Thematisiert: Loslassen-Können, Verzeihen

Alter: Ab 4 Jahre

Eine alltägliche Szene: Ein Kind nimmt dem anderen etwas weg. Das andere Kind streitet nicht groß mit ihm, sondern fängt etwas Neues an. Und dann zeigt sich, dass es eigentlich gar nicht um das Weggenommene geht, sondern Moritz will in Kontakt kommen.

Fragen zur Auseinandersetzung

- Warum wohl hat Moritz Paul den Kran weggenommen?
- Wie findest du, dass Paul gar nicht mit Moritz streitet, obwohl der ihm den Kran weggenommen hat?
- Was glaubst du, warum Moritz mit dem Kran gar nicht spielt?
- Wie findest du es, dass Paul und Alina Moritz mitspielen lassen?

Die Biene Mummelgold

Mummelgold tanzt im Gewimmel des Bienenstocks. Hin und her und tripp, tripp, tripp, rundherum und summ, summ, summ.

Im Tanz nämlich erzählen sich die Bienen, wo sie überall waren und was für Blüten sie dort gefunden haben. Aus dem Nektar der Blüten wird daheim nämlich der Honig gemacht.

Alle waren sie fleißig, alle haben sie Nektar gebracht, es ist ein Gesumm und Gebrumm.

Mummelgold tanzt noch ein wenig mit, dann fliegt sie aus der wohligen Enge des Bienenstocks hinaus in die Welt.

Der leuchtende Himmel! Ihre Flügel sirren im Wind.

Das junge Grün von den Buchen des Waldes!

Wie die Welt schön ist! Wie schön es ist, in der Welt zu sein, fliegen und sammeln zu können, für den Bienenstock!

Mummelgold fliegt zu den Schlehen am Waldrand, von denen die anderen Bienen getanzt haben. Sie ist nicht allein. Um die Hecken ist allerhand los. Mummelgold summt von Blüte zu Blüte. Sie findet nur ein paar kümmerliche Reste.

Wie oft ist das so! Mummelgold rastet auf einem Zweig. Wenn sie in die Gegenden fliegt, von denen die anderen berichten, ist dort nichts mehr zu finden. Weil schon viele andere dorthin geflogen sind, und lange vor ihr. Sie muss hin, wo noch keine Biene war, wovon keine Biene erzählt hat.

Mummelgold denkt noch einmal an den Tanz der Bienen im Stock. Aber nun überlegt sie, von welcher Gegend gar nicht die Rede war. Und dann fliegt sie los.

Sie fliegt von den Schlehen fort, hinein in den Wald. Zwischen lichten Buchenstämmen und über den murmelnden Bach geht ihr Flügelschlag, und weiter, an der Fichtenschonung vorbei. Da liegt die Waldwiese.

An ihrem Rand stehen ein paar Schlehenbüsche. Von ihren Blüten haben sich erst manche geöffnet, viele sind noch ge-

schlossen. Mummelgold lässt sich in einer nieder und holt sich den goldenen Nektar.

Von Blüte zu Blüte fliegt sie, bis sie kaum mehr tragen kann. Dann sirrt sie heim durch den Glanz der Sonne, und sie jubelt im Flug.

Beim Tanz auf den Waben ist Mummelgold eifrig dabei. Sie hat Nektar abgeliefert, so viel wie noch nie. Davon erzählt sie den anderen. Und woher sie ihn hat. Stolz berichtet sie, wie sie geflogen ist und wo ihre Schlehen zu finden sind.

Mummelgold tanzt Runde um Runde. Die anderen stimmen sich ein. Biene um Biene fliegt aus dem Stock. Sie summen zur Waldlichtung, wo die Schlehenblüten sich immer mehr öffnen.

Zur Geschichte

Thematisiert: Fleiß, Eigeninitiative

Alter: Ab 4 Jahre

Die Biene Mummelgold kommt zu spät, als sie die Schlehen besucht, von denen die anderen berichten. Doch als sie sich selbst aufmacht und alleine sucht, findet sie Schlehenblüten voller Nektar. Sie lässt die anderen daran teilhaben.

Bienen sind fleißig, sie leben ganz für die Gemeinschaft. Haben sie ergiebige Weidegründe entdeckt, berichten sie davon tanzend den anderen.

Aber wenn man nur immer dorthin geht, wo die anderen schon waren, wird man nur noch wenig abbekommen. Jeder „Geheimtipp", von dem jemand erzählt, ist nur kurze Zeit „geheim" und schnell übervölkert. Erst die eigene Erkundung bringt reiche Ernte.

Zusammenarbeiten, für die Gemeinschaft, aber auch sich alleine auf den Weg machen, Neues zu entdecken.

Fragen zur Auseinandersetzung

- Warum hat Mummelgold bei den ersten Schlehen keinen Nektar gefunden?
- Mummelgold hat sich dann alleine aufgemacht, weiter in den Wald hinein. Wie findest du das?
- Hast du auch schon mal etwas gefunden, das vor dir noch niemand entdeckt hat?
- Was gefällt dir besser: Mit anderen zusammen etwas unternehmen oder alleine etwas Neues entdecken?

Warum es im Schwarzwald keine Zwerge mehr gibt

Im dunklen Schwarzwald in einer noch dunkleren Höhle, lebte vor vielen, vielen Jahren ein Zwerg. Der liebte Beeren so sehr. Waren die ersten reif, rief er seinen Nachbarn, den Braunbär. Oder der rief den Zwerg. Und gemeinsam kosteten sie die ersten roten Walderdbeeren. War das ein Schmatzen, ein Hurra, Jupidei und Juhu!

Beeren gab es so viele, und sie gehörten allen zusammen, den Tieren, den Zwergen, und sogar die Menschen kamen manchmal und sammelten sich welche. Die beobachteten die beiden dann zusammen von einem Versteck aus und hatten ihre Freude an dem seltsamen Kauderwelsch der Menschen.

Doch von Sommer zu Sommer wurde der Zwerg knarziger und hatte immer nur Hunger. Und dafür sammelte und sammelte er Beeren, dass es dem Teufel grauste, und verbarg sie vor seinen Freunden. Der Zwerg konnte einfach nicht mehr genug kriegen. In allen Winkeln seiner Behausung häuften sich Beeren. Was glaubt ihr, wie es da duftete! Der Zwerg aß und aß, aber so viele Beeren konnte er gar nicht in sich hineinstopfen.

Nun aber war der Zwerg immer einen Tick schneller beim Beerenlesen und stellte sogar noch ganz gemeine Fallen auf, damit ihm ja keiner etwas von den Früchten stehlen konnte.

Dass die Beeren allen gehörten, das scherte den Zwerg kein bisschen. Er wollte nur haben, haben. Bald war die Höhle so vollgestopft, dass der Zwerg sich kaum noch darin drehen konnte. So schlief er eben vor der Höhle und streichelte genüsslich seinen immer dicker werdenden Bauch. Im Bauch des Bären aber knurrte der Magen so laut, als würde ein grausiges Gewitter heranrollen.

Eines Morgens, als die ersten Sonnenstrahlen direkt auf den Höhleneingang des Zwergs fielen, strömte dem verschlafenen Bären ein unbeschreiblich süßer Duft in die Nase. Was glaubt ihr, wie schnell der hungrige Kerl wach wurde. Immer dem Duft nach, tappste er los zum Höhleneingang. Und da – er konnte kaum fassen, was er da sah. Er geriet geradewegs in ein Schlaraffenland.

Vom vielen Naschen wurde der Bär müde und schlief ein. Und er schnarchte, dass alles ringsum erbebte. Da wurde der Zwerg wach und rieb sich die Augen. Wo war er nur? Das war doch nicht sein Zuhause! Einen so riesigen braunen Pelzberg hatte er doch nicht in seine Höhle geschafft. Die war doch nur für ihn und die duftenden Beeren. Aber von denen sah er weit und breit keine Spur. Er machte sich auf die Suche nach ihnen.

Gerade als er fast den Pelzberg erklommen hatte, schaute er in blitzende braune Augen. Der Bär war erwacht. Der Zwerg erschrak und wollte schnell den Berg wieder hinunterrutschen. Doch da räkelte sich der Bär und in der Höhle wurde es ganz und gar dunkel.

„Nun bin ich dir auf die Schliche gekommen", grollte der Bär. „Du hast genug gehortet und gegessen von den Beeren, scher dich zum Teufel. Wer nicht mit andern teilen kann, wer die anderen auch noch reinlegen will, hat nichts in unserem Wald verloren."

Er schüttelte sich, und der Zwerg flog aus der Höhle.

Seitdem wurden im ganzen Schwarzwald keine Zwerge mehr gesehen. Und die Bären? Ja, vielleicht könnt ihr manchmal noch einen schmatzen hören. Aber das Hurra, Jupidei und Juhu, das rufen jetzt die Kinder.

Zur Geschichte

Thematisiert: Teilen, Ehrlichkeit, Freundschaft

Alter: Ab 4 Jahre

Der Zwerg konnte nicht genug bekommen. Er häufte in seiner Höhle mehr als er brauchte. Dabei hat er immer nur noch an sich selbst gedacht. Der Zwerg stellte sogar Fallen auf, damit ihm ja keiner etwas wegnehmen konnte.

Wer nicht teilen kann, wird nicht wirklich satt und reich. Er macht sich nur unbeliebt. Und so musste der Zwerg aus dem Schwarzwald verschwinden und ward nie wieder gesehen.

Fragen zur Auseinandersetzung

- Kennst du auch solche Zwerge, die nicht mit anderen teilen können?
- Was denkst du, wem gehören die Beeren im Wald?
- Was passiert mit den Beeren, die zu lange auf einem Haufen liegen?
- Wann hast du zum letzten Mal mit jemandem etwas geteilt?
- Wie erging es dir, als du mit jemandem etwas geteilt hast?
- Meinst du, dass Teilen zur Freundschaft gehört, oder nicht?

Der Fuchs und der Wolf

Als die Tiere noch reden konnten, traf einmal ein Fuchs auf einen Wolf, der gerade Beute gemacht hatte.

„Das ist viel Fleisch", sagte der Fuchs und das Wasser triefte ihm aus der Schnauze. „Du kannst mir gut etwas abgeben."

„Mach, dass du weiterkommst!", grollte der Wolf. „Am Bach hab ich eine Spitzmaus gesehen, wenn du schnell bist, erwischst du die noch."

Der Fuchs strich ein wenig um den Wolf und seine Beute herum, aber der Wolf knurrte ihn an und ließ ihn nicht aus den Augen.

„Aber so ein stattlicher Herr, zu dem gehört doch auch Großzügigkeit", versuchte es der Fuchs noch einmal.

„Jeder ist sich selbst der Nächste", knurrte der Wolf.

„Du hast doch genug, da tust du gut daran, abzugeben", sagte der Fuchs. „Wenn das alle tun, dann geht es auch allen gut."

Aber der Wolf knurrte nur wieder und schlug mit der Tatze nach ihm.

„Wenn schon nicht aus Freundlichkeit, so gib mir trotzdem, ich teile dann auch mit dir", meinte der Fuchs.

„Was willst du denn teilen?", knurrte der Wolf. „Etwa die Maus?"

„Ich habe feine Ohren, ich kann dir sagen, wenn Gefahr kommt", antwortete der Fuchs.

Der Wolf knurrte nur und fraß weiter.

„Ich bin klug, ich kann dir raten, wie du am besten entkommst", meinte der Fuchs.

Der Wolf lachte: „Klug bin ich selbst, und stark noch dazu."

„Ganz wie du meinst", sagte der Fuchs und lief davon. Denn er hatte von der Straße Geräusche gehört. Bald tauchten Jäger auf und sahen den Wolf über seiner Beute. Schon pfiffen ihm Kugeln um die Ohren. Er rannte davon, verfolgt vom Hundegekläff und dem Rufen der Jäger.

Später, als es im Wald wieder ruhig geworden war, kam der Fuchs aus seinem Versteck und trabte zur Beute des Wolfs.

Zur Geschichte

Thematisiert: Teilen, Umsicht
Alter: Ab 5 Jahre

Der Fuchs will so einfach wie möglich seinen Hunger stillen. Erst spricht er die Großzügigkeit des Wolfs an – aber der stellt sich taub. Dann spricht der Fuchs die Vorteile der Zusammenarbeit an. Wenn der Wolf mit ihm teilt, steht er dafür Schmiere. Der Wolf fühlt sich aber im Augenblick so überlegen, dass er nicht darauf eingeht. So warnt der Fuchs ihn nicht, als er die Jäger hört, versteckt sich nur selbst – und hat am Ende die ganze Beute allein.

Einerseits geht es in der Geschichte um Großzügigkeit, von der auch der Geber etwas hat, wenn auch nicht unbedingt sofort. Es kann aber ebenso das Verhalten des Fuchses thematisiert werden: Das ist gleichfalls kurzsichtig.

Fragen zur Auseinandersetzung

- Findest du, dass der Wolf hätte teilen sollen? Warum?
- Wie findest du es, dass der Fuchs den Wolf nicht vor den Jägern gewarnt hat?
- Hätte der Fuchs den Wolf vielleicht trotzdem warnen sollen, auch wenn der vorher nicht freundlich zu ihm war?
- Wenn sich Fuchs und Wolf noch einmal begegnen, was glaubst du, was der Wolf dann sagt?
- Würdest du mit jemandem teilen, auch wenn der vorher nicht mit dir geteilt hat?

Die Schnecke und der Schmetterling

Leise klopft der Regen auf das Häuschen der Weinbergschnecke. Ruhig liegt es am Straßengraben unter der Hecke.

Im Graben läuft das Regenwasser hinunter zum Gully, der es verschluckt. Nun strömt es wie ein Bach unter der Straße, und gurgelt und zischt.

Die Schnecke kennt all die Geräusche des Regens. Ab und zu fährt ein Auto an ihr vorbei, von dem kriegt sie noch einige Spritzer ab.

Doch allmählich wird das Klopfen immer feiner. Und nun hört die Schnecke auch wieder die Spatzen über sich zwitschern. Sie spürt, wie warm ihr Häuschen wird und streckt vorsichtig ihre Fühler hinaus.

Wie doch alles glitzert und glänzt! Das Gras ist wie frisch angemalt. Die Spinnfäden hängen voller Perlen. Und ihre Schneckenfreunde und die Regenwürmer glitschen frisch und munter über die aufgeweichte Erde.

Zwei Nacktschnecken veranstalten ein Wettrennen am Stängel des wilden Kümmels. Andere malen silberne Spuren auf die Erdkrumen. Sogar die Ameisen und Käfer krabbeln wieder aus ihren Verstecken. Da landet ein gelber Schmetterling auf der Blütendolde des Kümmels. Der Halm neigt sich ein wenig. Und der Zitronenfalter wiegt sich sacht auf und ab.

„Ach, was seid ihr nur für arme Geschöpfe", hört man es da auf einmal tönen.

Die Schnecken drehen ihre Köpfe nach der Stimme, können aber niemanden sehen, außer ihren Freunden.

„Was meint denn der Gelbrock damit?", fragt sich die Weinbergschnecke, die nun etwas näher herankriecht und die zarte Stimme schon kennt.

„Ihr könnt ja nicht einmal fliegen und die vielen Blumen besuchen, so wie ich. Und um mein sonnengelbes Seidenkleid könnt ihr mich auch nur beneiden. Wenn ich dagegen eure braunen und grauen Wämser sehe, iiiihhh! Und die Schleimspuren die ihr hinter euch herzieht. Arme, dumme Dinger!"

Schwupp, der Kümmel reckt sich wieder, denn der Falter flattert davon.

„Arm, dumm, Dinger, Schleimspuren – was hat er denn nur, der Schmetterling? Ob er das Klopfen des Regens auch hören konnte, so wie ich in meinem Häuschen?", grummelt die Weinbergschnecke vor sich hin.

„Wir sind doch eine große Wiesenfamilie und gehören alle irgendwie zusammen. Wie komisch das aussähe, würde der Falter nun zu kriechen anfangen, so wie wir Schnecken das können. Und wenn er ein Häuschen auf dem Rücken hätte, könnte er bestimmt auch nicht mehr fliegen. Zu uns herunter würde er plumpsen und aufgefressen werden. Aber Fühler hat er doch auch, wie wir. Ein bisschen anders und ein bisschen gleich, das gefällt mir.

Ich mag sie trotzdem, die gelbe Flatterfee, auch wenn sie bestimmt noch nie über die duftende Erde gekrochen ist und kein eigenes Häuschen hat, so wie ich. Sie kann uns vom Wind erzählen und von der Sonne und von den Blüten in den Bäumen. Und wenn ich ihr genau zuhöre, dann ist es, als könnte auch ich fliegen."

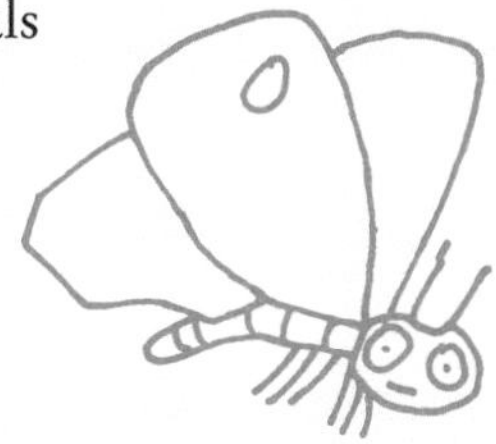

Zur Geschichte

Thematisiert: Gemeinschaft, Toleranz

Alter: Ab 4 Jahre

Mit sich und dem Wetter ist die Schnecke ganz zufrieden. Sie mag ihre Mitbewohner in der Wiese, sie ist gerne eine Schnecke. Da kommt ein eingebildeter Schmetterling daher und meint, die Schnecke bedauern zu müssen. Zum Glück lässt sich die Schnecke davon nicht allzusehr beeindrucken. Vielmehr denkt sie nach, über sich und den Zitronenfalter.

Jeder hat etwas Einmaliges an sich. Jeder kann etwas ganz besonders gut. Jeder sieht ein wenig anders aus. Das Anderssein bereichert die Gemeinschaft und lässt uns voneinander lernen.

Fragen zur Auseinandersetzung

- Kannst du dir vorstellen, dass es draußen auf der Wiese nur Schmetterlinge gibt? Oder nur Schnecken?
- Wie geht es dir, wenn du merkst, dass du ein wenig anders aussiehst als die anderen Kinder? Oder wenn du merkst, dass du etwas ganz besonders gut kannst?

Der Bauer kennt seine Ziegen

Gretl, die Ziegenmama, leckt ihren beiden neugeborenen Zicklein das Fell.

Müde legt sie sich dann ins Gras und schaut ihren Kindern zu, wie sie auf unsicheren Beinchen die Wiese erkunden. Immer wieder kommen die beiden kleinen Ziegen zur Mutter zurück. Die stupst ihre Kinder liebevoll mit ihrer Ziegennase.

Vom Bauern wird eines der Zicklein Peper gerufen, das Schwesterchen Roni.

Das kommt daher, weil Peper zuerst auf seinen Beinchen steht und immer die Nase vorn hat. Immer ist er der Erste, ungestüm, wild.

Roni dagegen ist von Anfang an gemächlich. Sie trinkt Milch, schläft wieder ein, dann hängt sie wieder an den Zitzen der Mutter. Und wenn der Bauer sie streichelt, dreht sie ganz tranig den Kopf und schaut ihn aus zufriedenen Augen an.

Schnell werden die beiden größer, schon fressen sie selber gerne das saftige Gras und all die duftenden Wiesenkräuter.

Bald schon merkt Peper, wie gerne alle aus der Bauernfamilie bei Roni stehen bleiben, ihr liebevoll Hals und Rücken tätscheln. Doch wenn Peper stürmisch auf die Bauernkinder zu-

springt, weichen sie aus oder nehmen gar einen Stock und drohen ihm, ja nicht zu nahe zu kommen. Dabei will er doch auch nur gestreichelt werden und den freundlichen Worten der Kinder lauschen.

Wieder kommt Peper voller Übermut über die Weide gejagt. Die Kinder nehmen Reißaus und retten sich hinter den Zaun. Peper dreht eine Kurve. Im Vorüberjagen stößt er Roni mit dem Kopf in die Flanke.

Roni fährt erschrocken zusammen und läuft zu ihrer Mama. Die Ziegenmutter hebt den Kopf, leckt Roni den Bauch und schaut Peper zornig hinterher.

Peper spürt den Blick, auch wenn er lieber nicht zurückblickt.

Am nächsten Tag hat Roni sogar eine Wunde von einem solchen Zusammenstoß mit Peper.

Der Bauer, dem nichts entgeht im Stall und auf der Weide, bemerkt die Wunde zuerst. Er ruft Peper zu sich. „Peper, wenn du so weitermachst, dann muss ich dich an einen Pflock binden, du kannst doch deiner Schwester nicht so zusetzen."

Peper scheint den Bauer zu verstehen, er hebt und senkt den Kopf, als würde er immerzu „ja, ja, ja" sagen. Und während der Bauer so zu ihm spricht, streichelt er Peper die Stirn und krault ihn hinter den Ohren.

Peper rührt sich nicht von der Stelle. Jetzt kann er auch so ruhig und zufrieden wie seine Schwester sein. Und niemand muss vor ihm davonlaufen. Ob die Schwester wohl sieht, dass der Bauer ihn streichelt?

Da kommt Roni auch schon angezottelt. Aus ihren Augen strahlt Freude. Und dann drückt sie sich ganz fest an Peper und er spürt ihre Wärme.

Zur Geschichte

Thematisiert: Sich zurücknehmen, Verzeihen

Alter: Ab 4 Jahre

Bestimmtes Verhalten wird geschätzt, anderes nicht. Da ist Peper mit seinem Temperament und Übermut. Roni dagegen ist ruhig. Durch die Zuwendung, die Roni erfährt, wird Peper immer frecher und stupst Roni, verletzt sie am Ende sogar. Eifersucht ist im Spiel und das Bedürfnis nach Angenommensein und Zärtlichkeit. Der Bauer holt Peper zu sich. Er zeigt ihm klare Grenzen – doch zuvor gibt er ihm, was Peper sich so sehr wünscht: Er spricht mit ihm und streichelt ihn. Das löst bei Peper die Eifersucht, und Roni kann nun ihrem Bruder auch ihre Liebe zeigen und ihm verzeihen. Denn jetzt wird sie nicht mehr von ihm gestoßen.

Fragen zur Auseinandersetzung

- Hättest du an Ronis Stelle Pepers Stoß auch verziehen?
- Wie hätte Peper sich anders verhalten können, um Aufmerksamkeit zu bekommen?
- Warst du auch schon einmal eifersüchtig auf jemanden? Warum?
- Hast du auch schon jemandem wehgetan, weil du dich benachteiligt gefühlt hast?
- Hast du auch schon einmal verziehen, wenn dir jemand etwas weggenommen oder dir wehgetan hat?

Kann Navina zaubern?

Navina malt so gern. Meist sieht man sie mit einem Malstift in der Hand über ein Blatt Papier gebeugt oder mit ihrem Kreide-Eimerchen auf dem Gehweg vor dem Haus. Sie zaubert mit ihren Farben ganze Blumenwiesen. Da ist roter Mohn zu erkennen, daneben weiße Margariten, und in kräftigem Violett der Wiesensalbei. Das Gras leuchtet in allen Grüntönen.

Frau König aus dem Nachbarhaus freut sich immer sehr, wenn sie Navina sieht. Und ganz besonders gerne mag sie Navinas Bilder. Manchmal bleibt sie lange bei ihr sitzen, denn sie ist gebrechlich und allein. Sie hat einen Gehwagen, weil sie im letzten Jahr gestürzt ist. Darauf setzt sie sich dann.

Navina stört das nicht. Im Gegenteil, zu Hause hat keiner so viel Zeit wie Frau König.

Und Frau König lobt nicht nur Navinas schöne Bilder, oft erzählt sie auch etwas aus ihrem Leben dazu. Heute erzählt sie, wie sie als kleines Mädchen zur Schule ging. Was sie auf ihrem langen Schulweg da alles entdeckte. Zum ersten Mal sieht Navina die alte Frau lächeln, als sie von dem Siebenpunkt erzählt.

„Der kleine Käfer wollte einfach nicht mehr von meinem Finger fliegen und krabbelte an meinem Arm entlang und weiter, bis ich am Hals ein winziges Kitzeln spürte. Ich hielt ganz still, lock-

te den kleinen Käfer zurück, aber der krabbelte und krabbelte, sogar bis zu meinen Haaren hinauf. Da kam eine sanfte Windböe und mit dem Wind flog der Siebenpunkt davon."

„Ein Siebenpunkt?", fragte Navina.

„Ja, so sagte man bei uns in Oberschlesien. Das ist ein Marienkäfer."

Und schon nimmt Navina eine rote Kreide in die Hand und malt einen ganz großen Marienkäfer in ihre Wiese. Sie malt auch ein Mädchen mit einem Schulranzen auf dem Rücken, das zwischen den vielen Blumen nur halb zu sehen ist. Und das Mädchen hat einen roten Punkt in den Haaren.

Am nächsten Morgen klingelt es an der Wohnungstür von Navinas Familie. Frau König steht davor mit einem großen Strauß blauer Kornblumen.

„Die sind für Ihre kleine Tochter", sagt sie und überreicht die Blumen Navinas Mutter.

„Aber warum nur?", fragt diese erstaunt.

„Ihre Tochter hat ein Bild gemalt, das mich an so viel Schönes erinnert, ohne dass sie es weiß. Dafür will ich ihr danken. Sie haben ein so liebes Mädchen", sagt Frau König weiter und Tränen steigen ihr in die Augen.

„Von welchem Bild reden Sie denn?", fragt die Mutter.

„Na, draußen, auf dem Gehweg, da sah ich erst heute, dass Navina mich in ihre Wiese hineingezaubert hat. Sie malte die Geschichte, die ich ihr erzählte, als ich noch ein kleines Mädchen war, mit Schulranzen und Siebenpunkt im Haar."

Die Mutter versteht nur Bahnhof, aber das ist ja auch nicht schlimm. Denn nun kommt Navina aus dem Zimmer und ist genauso überrascht wie ihre Mutter, als sie den dicken Kornblumenstrauß sieht.

„Mädchen, du weißt gar nicht, wieviel Freude du mir mit deinem Bild gemacht hast. Ich fühlte mich wieder so jung, eben wie damals. Meine Sorgen flogen mit dem Siebenpunkt auf und davon."

Zur Geschichte

Thematisiert: Zuneigung, Aufmerksamkeit, Freundlichkeit
Alter: Ab 5 Jahre

Navina malt ein Bild. Sie hört der alten Frau genau zu, baut ihre Geschichte sogar in ihr Bild ein. Erst am nächsten Morgen erkennt Frau König sich in diesem Bild wieder. Sie freut sich so sehr, dass sie sogar ihre Sorgen um den schwer gewordenen Alltag vergisst. Navina bewirkte diese Freude allein durch ihr Zuhören und Malen. Beide hatten Freude an ihrem Tun. Doch nun wurde Navina zusätzlich mit einem Blumenstrauß beschenkt. So kann Aufmerksamkeit Zuneigung wecken und Freude schenken.

Fragen zur Auseinandersetzung

- Warum freut sich Frau König so sehr?
- Hast du auch schon mal jemandem eine Freude bereitet?
- Was kann man tun, um anderen eine Freude zu machen?
- Wie fühlt sich Freude an, was kann sie bewirken?

Umweltbewusstsein

Das Umweltbewusstsein hat nachgelassen, aber es sollte ganz vorn in der Ordnung unserer Werte stehen. Wir haben ihm deshalb ein eigenes Kapitel gewidmet.

Da kommt vieles zusammen, etwa Empathie, Selbstständigkeit (nicht alles fallen lassen, Mama räumt schon auf) und Verantwortlichkeit. Sehr wichtig ist das Vorbild der Erwachsenen – an dem es oft hapert.

Mit Geschichten allein ist es nicht getan. Auf seine Umgebung gibt acht, wer sich in ihr zu Hause fühlt, wer sie als einen Teil seiner selbst empfindet. Dazu müssen wir sie erst einmal kennen, müssen wir sie als etwas Eigenes wahrnehmen.

Sehen lernen gehört zum Umweltbewusstsein, Zugehörigkeit spüren auch. Wenn wir uns unserer Umgebung zugehörig fühlen, sie als unser Eigen betrachten, dann schützen wir sie auch.

Zugehörig fühlen, wie können wir das? Durch Bekanntschaft, Erfahrung. Indirekt über Geschichten, unbedingt aber auch direkt, durch Erlebnisse draußen, mit offenen Augen.

Zu den Geschichten

Erwin, der Straßenkehrer (Seite 109): Der pensionierte Straßenkehrer ärgert sich über den Müll im Park. Da sieht er einen Jungen Müll aufheben.

1. April auf der Dracheninsel (Seite 113): Die Ratsversammlung der Dracheninsel beschließt, dass derjenige erwachsen sein soll, der nichts mehr herumliegen lässt. Wenn das mal gut geht!

Radieschen im Verlies (Seite 117): Felix hat sich im Radieschenbeet eine Burg gebaut. Die Mutter sät mit ihm neue Radieschen.

Benjamin und die Blume (Seite 120): Benjamin träumt von einer Müllwiese. Ein Mann reißt die einzige Blume aus und wirft sie weg.

Eickel und die Schnapsecker (Seite 123): Das Eichhörnchen Eickel findet eine leere Schnapsflasche. Was wächst wohl daraus, wenn man sie eingräbt?

Erwin, der Straßenkehrer

Erwin sitzt den ganzen Tag auf der Bank am Parksee und schaut über das Wasser. Manchmal beobachtet er auch das Eichhörnchen im Wipfel der alten Kastanie oder die beiden Vögel, die zwischen Weidenzweigen ihr Nest gebaut haben.

Morgens strömen die Kinder an seiner Bank vorbei, auf ihrem Weg zum Kindergarten oder in die Schule. Abends strömen sie wieder nach Hause. Erwin kennt keines davon.

Früher kannte er viele Kinder, immer wieder mal sprach er eines an, wenn es etwas achtlos wegwarf: „Gib mir, ich nehm es in meine Karre." Oder: „Hebst du das auf, ach die Zipperlein, die Zipperlein!" Das war dann schon kurz vor seiner Rente, da wollte sein Rücken nicht mehr so recht mitmachen. Denn Erwin war Straßenkehrer.

„Nicht mehr dasselbe wie früher", murmelt er manchmal, wenn er die Abfälle auf dem Wasser oder am Ufer sieht, oder auch mal auf dem Rasen. „Jeden Tag hab ich gekehrt und alles aufgelesen, die Stadtarbeiter heute sind einfach zu nachlässig."

Und die Elster auf dem Denkmal nickt ihm zu.

„Auch die Kinder, so viel haben sie früher nicht weggeworfen."

„Alles wird schlechter", scheinen ihm auch die Spatzen zu pfeifen, die wie jeden Tag um seine Parkbank hüpfen, auf der Suche nach ein paar Brotkrumen.

„Keine Minute kam ich zu spät, keine Minute ging ich zu früh, immer konnten sich die Leute auf mich verlassen", sagt er ins milde Licht der Sonne hinein, und in den Wind, der die ersten Blätter von den Bäumen bläst und durch den Park treibt.

„Aber nun darf ich hier sitzen und meine müden Knochen wärmen lassen", brummt Erwin behaglich und schließt die Augen, und sinnt stundenlang nur so vor sich hin.

Eines Tages, nachdem er ein Nickerchen auf seiner Bank gehalten hat, reibt er sich die Augen. Was ist denn das?, fragt er sich.

Er beobachtet einen Jungen, der sich immer wieder bückt und etwas aufhebt.

Erwin blinzelt, er streckt seinen Hals, er steht sogar auf und geht auf den Jungen zu.

„Was machst denn du?", fragt er.

„Na ja, das kann man doch sehen, oder sind Sie etwa blind?"

Erwin schluckt. Dann zieht er ein Taschentuch heraus und schnäuzt sich kräftig die Nase. Bedächtig murkelt er das Schnäuztuch wieder zurück in seine ausgebeulte Hosentasche.

„Siehst du, ich werfe mein Tuch nicht einfach weg", brummelt er.

„Schauen Sie mal in meine Tüte." In der rechten Hand trägt der Junge eine Plastiktüte voller Flaschen und Müll, in der anderen hält er noch eine Pfandflasche.

„Da bekommst du allerhand Pfandgeld", sagt Erwin bedächtig.

„Für den Müll bekomme ich gar nichts, nur für die Flaschen", sagt der Junge.

„Warum hebst du aber auch den Müll auf?" Erwin schaut in die Augen des Jungen.

„Weil es dann schöner ist", sagt der.

„Weißt du", setzt Erwin dazu, „ich war Straßenkehrer. Mein ganzes Leben habe ich den Park sauber gehalten, und die Wege, und die Straßen der Stadt. Ich hab mir meine Brötchen mit dieser Arbeit verdient."

„Und warum machen Sie es jetzt nicht mehr?", fragt der Junge.

„Jetzt bin ich alt und krumm, jetzt macht keiner mehr die Arbeit so gut."

Der Junge wendet sich ab und geht weiter. Erwin reibt sich den Rücken und kratzt sich am Kopf.

Zur Geschichte

Thematisiert: Umsicht, Verantwortlichkeit für die Umgebung
Alter: Ab 5 Jahre

Erwin, der pensionierte Straßenkehrer, nörgelt über die schlechten Zeiten: Keiner kümmert sich mehr um die Umgebung, jeder nur um sich selbst. Da sieht er einen Jungen, der Flaschen und Müll aufhebt, freiwillig, und er wird nachdenklich.

Kinder mögen ihre Umgebung, sie freuen sich an der Natur. Und sie sehen auch den Müll. Den fortzuräumen, dafür werden Leute bezahlt, man selbst ist also nicht dafür verantwortlich. Oder doch? Wenn die Mutter zu Hause alles für einen wegräumt, warum dann nicht auch draußen alles fallenlassen? Was einem wertvoll ist, wo man sich zugehörig fühlt, dafür setzt man sich ein.

Fragen zur Auseinandersetzung

- Siehst du auch manchmal Müll auf der Straße oder im Park liegen?
- Hast du schon einmal einen Straßenkehrer beobachtet?
- Warum ist Erwin so erstaunt und geht zu dem Jungen?
- Warum wendet sich der Junge einfach ab und geht?

1. April auf der Dracheninsel

Der 1. April sollte ein großer Tag auf der Dracheninsel werden. Die Ratsversammlung hatte nämlich einen wichtigen Beschluss gefasst. „Erwachsen ist ab jetzt jeder Drache, der seine Angelegenheiten selber regelt", so stand es im Ratsbeschluss. Jedes Jahr ein Mal, zum 1. April, sollten sich die Drachenkinder darum bewerben können, erwachsen zu sein. Und wenn die Ratsversammlung zustimmte, sollte das Drachenkind eine Krone bekommen.

Ihr könnt euch vorstellen, wie aufgeregt die Drachen waren!

„Wer möchte gern ein erwachsener Drache sein?", fragte der alte Wackerstein und sah streng in die Runde der Jungdrachen.

Die drucksten verlegen herum, aber dann trat Krümelchen vor und reckte die Brust: „Ich! Ich kann schon auf einem Bären reiten, und neulich habe ich ganz allein eine Kokosnuss geknackt!"

„Das ist schön, aber es reicht nicht", beschied Wackerstein. „Denn wenn deine Mama nicht immer hinter dir herputzen würde, lägen uns die Krümel auf der Insel schon bis zu den Knien."

Da trat Knacksel vor und rief: „Aber ich bin erwachsen! Fliegen kann ich nämlich auch, und krümeln und kleckern tu ich nicht."

„Wunderbar", sagte Wackerstein, „aber auch das reicht nicht. Du hast doch neulich die Schatztruhe von diesem Piratenschiff aufgebrochen und das ganze Gold und die vielen Juwelen über unseren Kiesstrand gestreut. Nun funkelt das in der Sonne und tut allen in den Augen weh. Es wird Zeit, dass mal ein richtiger Sturm kommt und alles ins Meer bläst."

Mit einem tiefen Seufzer trat Knacksel zurück.

Da trat Mondstein vor und rief: „Ich habe ganz viele von diesen Goldstücken aufgehoben und ins Meer geworfen. Oma Hinkestein hat sich so gefreut, weil sie jetzt keine Sonnenbrille mehr tragen muss, wenn sie über den Strand spaziert."

„Gut, sehr gut", sagte Wackerstein, „und herumliegen lässt du auch nichts, und wer seine Sachen selbst aufräumt, der ist erwachsen. Also, ich sage: Eine Krone für Mondstein! – Aber woher nehmen wir die?"

Wackerstein sah sich um und entdeckte etwas auf dem Ratsfelsen, wo sich die alten Drachen gerade erhoben hatten, um nach Hause zu schlurfen.

„Oh, großer Vorsitzender Kronenstein", sagte er zu einem besonders alten und würdigen Drachen. „Ist das nicht deine Krone, die dort herumliegt, weil du sie wieder einmal vergessen hast?"

„Äh, ganz richtig, danke!“, brummte der alte Kronenstein und wollte sich seine Ratskrone holen. Aber Wackerstein war schneller. Schon hatte er sie geschnappt und setzte sie Mondstein auf.

„So, nun bist du ein erwachsener Drache“, sagte Wackerstein, obwohl Mondstein die Krone gleich über die Augen rutschte. „Und du bist nun eben wieder ein Kind“, sagte er zu Kronenstein – und grinste.

Kronenstein brummelte enttäuscht, aber dann meinte er: „Das hat auch was Gutes“, und schlurfte nach Hause zu seinem Kamillentee.

So also kam es, dass auf der Dracheninsel ein Kind Vorsitzender der Ratsversammlung wurde. Aber nur fünf Sekunden lang. Denn dann konnten die alten Drachen ihr Lachen nicht mehr zurückhalten. Und Mondstein dämmerte, dass 1. April ist. Und alle lachten so laut, dass die Erde zitterte und fast der Vulkan ausbrach. Die Jungdrachen lachten am lautesten.

So befreite jemand Mondstein von der viel zu großen Krone und trug sie Kronenstein nach. In seiner Höhle versammelten sich alle und der Alte spendierte für jeden ein Tässchen Kamillentee.

Aber am nächsten Morgen waren alle Goldstücke und Juwelen, die den Strand verdreckt hatten, fort, ohne dass Sturm gewesen wäre. Jemand hatte aufgeräumt. Und Kronenstein gab viel besser auf seine Krone acht, und auf seinen Kopf.

Zur Geschichte

Thematisiert: Selbstständigkeit

Alter: Ab 4 Jahre

Die Drachen haben Ratsversammlung. Ab sofort soll derjenige erwachsen sein, der nichts mehr herumliegen lässt. Zum Glück fällt den Drachen am Ende ein, dass 1. April ist. Aber am nächsten Morgen hat jemand den Strand aufgeräumt.

Fragen zur Auseinandersetzung

- Lässt du auch mal etwas herumliegen?
- Wer räumt denn auf, wenn du etwas herumliegen lässt, ein Erwachsener oder ein Kind?

Radieschen im Verlies

Voller Freude rennt Felix die Treppen hinauf. Seine Mutter hört ihn schon von Weitem rufen: „Mama, Mama, schau nur, was ich dir mitgebracht habe!"

In seiner kleinen Faust hält Felix ihr einen Strauß mit den ersten Schneeglöckchen entgegen. „Hab ich alle im Garten für dich gepflückt, und Laura hat auch welche gepflückt, für ihre Mama."

Die Mutter trocknet rasch ihre Hände ab und nimmt ihren Sprössling mit den weißen Frühlingsboten in die Arme. „Danke, Felix. Wie schön die doch blühen! Und wie beweglich ihre Köpfchen sind. Da kann man wirklich an Glöckchen denken."

Versonnen lassen die beiden die Schneeglöckchen baumeln. Vielleicht hören sie ja auch ein leises Bimmeln. Doch dann zerrt Felix die Mutter am Hosenbein. „Mama, Mama, komm, ich zeig dir, wo ich sie gefunden habe."

Schnell stellt die Mutter die Blumen in einen ausgespülten Joghurtbecher, füllt Wasser ein und kommt mit. Aber draußen im Garten bleibt sie plötzlich stehen und hält sich die Hand vor den Mund.

„Was ist denn da passiert!", ruft sie entsetzt und zeigt auf ihre Beete. „Das sieht ja aus, als hätten hier Wildschweine gewühlt!"

Felix zieht erst den Kopf ein, als er die Mutter schimpfen hört. Denn wer da gestern Nachmittag mit seiner Freundin Laura gegraben hat, das weiß er sehr wohl. Aber als er das Wort „Wildschweine" hört, ist er begeistert.

„Ja, Wildschweine, Wildschweine, die will ich auch einmal sehen!" Und schon schnappt er sich seine Schaufel und gräbt in der aufgewühlten Erde.

„Halt," ruft die Mutter scharf, „meine Radieschen!"

„Aber Mama, hier wächst doch gar nichts, und Radieschen kann ich auch keine sehen."

Da setzt sich die Mama in die Hocke und erzählt Felix, wie das mit den Pflanzen so ist. Wie die Samen in die Erde kommen und langsam keimen. Und wie die zarten Pflänzchen gehegt und gepflegt werden wollen. Und dass man sie beim Wachsen nicht stören darf, da sie sonst verkümmern oder krumm werden.

Das versteht Felix ganz gut, denn er will manchmal auch nicht gestört werden, vor allem, wenn er mit Laura spielt.

„Felix, komm, hol dir deinen Rechen! Wir machen die Erde wieder eben. Und dann säen wir zusammen in eine lange Reihe neue Radieschen. Das leere Samentütchen stecken wir mit einem Stöckchen an den Anfang der Reihe, damit du gleich siehst, dass dieses Beet seine Ruhe braucht."

„Au ja, Mama!" Und schon zieht Felix seinen Rechen über die Erdburgen und tiefen Wassergräben, die er zusammen mit Laura gemacht hatte.

Dann legt er den Rechen beiseite. Mit seinen Fingern zieht er eine lange Furche. Jetzt streut er ganz vorsichtig die winzigen Samen hinein. Zusammen mit seiner Mutter bedeckt er die Samen sorgfältig mit der krümeligen Erde und patscht sie mit den Händen fest. Ein Stöckchen wird geholt, und schon stecken die beiden das Tütchen mit den rot leuchtenden Radieschen an den Anfang der Reihe.

„Das ist jetzt unser Verlies, da sind die Samen eingesperrt", sagt er.

Doch die Mutter kann ihn beruhigen: „Lange werden die Samen nicht in der Erde eingesperrt bleiben. Bald werden sie ausbrechen und grün sprießen.

Und wenn wir sie pflegen, gießen und sonst in Ruhe lassen, werden wir an deinem Geburtstag vielleicht schon unsere ersten Radieschen ernten können."

Zur Geschichte

Thematisiert: Rücksicht, Verantwortung für die Umgebung, Umsicht

Alter: Ab 4 Jahre

Felix hat im Garten gespielt und dabei ein Beet verwüstet. Die Mutter schimpft nicht mit ihm, sondern nützt die Gelegenheit, ihm etwas beizubringen: Zusammen pflanzen sie Radieschen. „Was wachsen will, braucht Ruhe" – so lernt Felix Rücksichtnahme und ein wenig mehr Aufmerksamkeit für seine Umgebung.

Fragen zur Auseinandersetzung

- Hast du auch schon mal Radieschen oder etwas anderes gepflanzt?
- Was passiert, wenn die Samen in der Erde kein Wasser kriegen oder immer wieder aufgedeckt werden?
- Wie geht es dir, wenn du Ruhe willst und dauernd gestört wirst?

Benjamin und die Blume

Es ist tiefe Nacht. Der Mond wandert hoch über den Dächern und badet die Welt in seinem Licht. Alle Fenster sind dunkel. Hinter einem davon liegt Benjamin in seinem Bett und träumt.

Gestern beim Abendessen hat seine Schwester vom Müll-Tag erzählt. Ihre ganze Schulklasse ist losgezogen. Sie haben Müll im Wald aufgesammelt. Die Tüten haben sie dann auf alten Tapeten geleert und sich ihre Funde angeschaut.

Benjamin war nicht mit dabei, denn er geht erst in den Kindergarten. Doch er hörte ganz genau zu. Und nun, im Traum, kommen die Dinge zu ihm, von denen die Schwester erzählt hat.

Er steht auf einer eigenartigen Wiese. Keinen einzigen Grashalm sieht er, aber leere Flaschen, Dosen, Glasscherben, rostige Stangen, Bretter von Bücherregalen, und sogar zerfledderte Bücher. Lumpen liegen in ausgeblichenen Farben, ein alter Kühlschrank steht dort, die Türe weit offen. Papier fliegt im Wind und treibt bis hin zu einem Autowrack.

Neben dem alten Kühlschrank sieht Benjamin Menschen. Ein Teppich ist ausgebreitet, ein Mann und eine Frau liegen darauf und lassen sich bräunen. Daneben spielen Kinder Ball.

„Ih“, ruft eines der Kinder plötzlich und lässt den Ball an sich vorbeirollen. Der Mann geht zum Kind. „Schaut nur, bäh, eine Blume!“, ruft das Kind.

„Wo?“, rufen die anderen Kinder und laufen herbei. Nun stehen sie alle um die Blume herum, die zwischen Tonscherben und rostigem Blech aus der Erde lugt.

„Tatsächlich, eine Blume!“, sagt der Mann, bückt sich und reißt sie aus. „Wenn ihr so etwas seht, reißt es mit den Wurzeln heraus!“, sagt er zu den Kindern. „Und werft es weg. Oder nehmt es nach Hause und werft es dort in den Abfall.“

„Warum müssen wir die Blume eigentlich wegwerfen?“, fragt eines der Kinder.

„Schau sie dir an. Wie findest du sie?“, fragt der Mann.

„Sie ist schön“, sagt das Kind.

„Genau“, sagt der Mann. „Deshalb gehört sie einfach nicht hierher. Wir schaffen sie weg.“

Er packt die herausgerissene Blume in einen Plastikbeutel und geht wieder zum Teppich zurück. Die Kinder spielen weiter Ball.

Benjamin aber erwacht. Er reibt sich die Augen.

Da kommt auch schon die Mutter. „Raus aus dem Bett, meine kleine Schlafmütze, das Bad ist frei!“, ruft sie.

Benjamin schlüpft in seine Schlappen und schlurft aus dem Zimmer. An der Kommode stoppt er. Denn auf ihr steht eine Vase mit Blumen. Er riecht an einer Rose. Sie duftet wunderbar.

„Nanu“, wundert sich die Mutter, „seit wann magst du Blumen?“

„Seit meinem Traum“, sagt Benjamin und verschwindet im Bad.

Zur Geschichte

Thematisiert: Achtsamkeit

Alter: Ab 5 Jahre

Benjamin träumt von einer Müllwiese. Ein Mann reißt dort die einzige Blume aus. Als Benjamin erwacht, riecht er an Mutters Blumen, die er jetzt erst wahrnimmt.

Das Selbstverständliche schätzen wir wenig. Manchmal braucht es erst einen starken Kontrast, hier der Müll, damit uns die Schönheit der Natur auffällt. Und was wir bewusst wahrnehmen, können wir auch achten.

Fragen zur Auseinandersetzung

- Hast du schon mal an einer Blume gerochen?
- Hast du schon mal an Müll gerochen?
- Benjamins Schwester hat Müll im Wald gesammelt. Warum?
- Wo, glaubst du, gehört Müll hin?

Eickel und die Schnapsecker

Eickel, das junge Eichhörnchen, schnuppert an einem ganz fremden Ding.

„Lass das", sagt seine Mutter Eideldei, die gerade eine Buchecker untersucht.

Eickel fragt: „Was ist das? Vielleicht eine Glitzernuss?"

„Nein", sagt Eideldei. „Es gibt keine Glitzernnüsse."

„Vielleicht ein Haseldipasel?"

„Es gibt keine Haseldipasel", sagt die Mutter.

„Vielleicht eine Glanzkastanie?"

„Es gibt keine Glanzkastanien", Eideldei wird langsam ungeduldig.

„Aber was ist es dann?" Eickel versetzt dem Ding einen Stoß.

„Das ist eine leere Schnapsflasche", sagt Eideldei, „eine ganz kleine, kaum größer als ein Menschenfinger. Daraus trinken die Menschen. Und dann werfen sie sie weg. Lass sie liegen, Eickel, das ist nichts für unseren Wintervorrat." Und Eideldei macht sich an einer Eichel zu schaffen.

„Hilf mir", sagt sie, „wir müssen noch viel sammeln. Der Winter kommt, und unsere Lager sind leer."

„Eine Schnapsecker“, sagt Eickel, „der Name ist witzig! Die nehme ich mit. Dann haben wir im Winter auch mal was anderes. Und wenn wir sie eingraben, wächst im nächsten Jahr aus ihr vielleicht ein Flaschenbaum.“

„Das ist Menschending“, sagt Eideldei, „daraus wächst gar nichts. Das wird nur immer älter. Um die Feuerstelle herum liegt noch viel mehr. Wie hässlich das ist!“

Aber Eickel wäre nicht Eickel gewesen, wenn er es dabei belassen hätte. Selbstverständlich schleppt er das Ding zu ihren Vorräten und vergräbt es.

Der Winter ist lang und hart, aber die Eichhörnchen haben gut vorgesorgt. Ein paar Mal gräbt Eickel auch die Schnapsecker aus – aber seine Zähne können sie nicht knacken. Jedes Mal gräbt er sie enttäuscht wieder ein.

„Aber dafür wächst dann nächstes Jahr ein Flaschenbaum daraus“, tröstet er sich.

Auch der längste Winter geht einmal vorbei. Die Tage sind warm geworden, Vögel singen. Die Eichhörnchen haben die harte Zeit schon fast vergessen. Einmal aber kommen sie an einer kleinen Lichtung vorbei. Grüne Sprosse recken sich ins Licht.

„Hier haben wir letzten Herbst ein paar Vorräte vergraben“, sagt Eideldei.

Da fällt Eickel wieder die Schnapsecker ein. Er schnuppert herum. Sprosse von Eichen findet er, Sprosse von Buchen. Aber so wie damals die Schnapsflasche riecht nichts, was hier grünt.

Eideldei springt einen Stamm hinauf. „Wer am schnellsten im Wipfel ist!“, ruft sie. Eickel flitzt los.

Zur Geschichte

Thematisiert: Aufmerksamkeit, Umweltbewusstsein

Alter: Ab 4 Jahre

Das Eichhörnchen Eickel findet eine leere Schnapsflasche im Wald. Aber die ist nichts für die Wintervorräte, die gehört hier einfach nicht hin. Und, nächstes Jahr zeigt es sich, ein Flaschenbaum wächst auch nicht daraus.

Wo gehört was hin? Die Schnapsflasche jedenfalls nicht in den Wald, das wissen die Eichhörnchen. Aus Zivilisationsmüll wächst nichts, wird nichts Neues, er stört nur.

Fragen zur Auseinandersetzung

- Was ist eine Schnapsecker?
- Hast du auch schon mal im Wald eine Schnapsecker gefunden?
- Wenn ja, was hast du mit ihr angestellt?

Literatur

Coles, Robert: Moralische Intelligenz. Oder: Kinder brauchen Werte. Rowohlt, Berlin 1998 (US-amerikanisches Original 1997).

Friebel, Volker & zu Knyphausen, Susanna: Geschichten, die Kinder entspannen lassen. Südwest, München 1995.

Friebel, Volker & Kunz, Marianne: Pubertät: Die eigene Kraft entdecken. Rowohlt Taschenbuch, Reinbek 2001.

Friebel, Volker & Kunz, Marianne: Tanzende Gefühle – bewegte Tänze. Sinneswahrnehmung und Körpererfahrung in lebendigen Tänzen: tierische Emotionen für Kinder ab 4 Jahren. Buch und CD. Ökotopia, Münster 2003.

Gerster, Petra & Nürnberger, Christian: Der Erziehungsnotstand. Wie wir die Zukunft unserer Kinder retten. Rowohlt, Berlin 2001.

Giesecke, Hermann: Wie lernt man Werte? Grundlagen der Sozialerziehung. Juventa Verlag, Weinheim und München 2005.

Gruner & Jahr, Media-Forschung und -Service (Hg): Ergebnisse des Synovate Kids+Teens Sommerbus 2006.

Hentig, Hartmut von: Ach, die Werte! Ein öffentliches Bewusstsein von zwiespältigen Aufgaben. Über eine Erziehung für das 21. Jahrhundert. Hanser, München 1999.

Höhn, Elisabeth: Wandel der Werte und Erziehungsziele in Deutschland. Soziologische Dissertation aus Würzburg, Dr. Hänsel-Hohenhausen Verlag, Frankfurt am Main 2003.

Krieger, Rainer: Entwicklung von Werthaltungen. In: Hildegard Hetzer, Eberhard Todt, Inge Seiffge-Krenke & Roland Arbinger (Hg.): Angewandte Entwicklungspsychologie des Kindes- und Jugendalters. Quelle & Meyer, Heidelberg, 2. überarbeitete und ergänzte Auflage 2000, Seite 265-306.

Kunz, Marianne & Friebel, Volker: Rhythmus, Klang und Reim. Lebendige Sprachförderung mit Liedern, Reimen und Spielen in Kindergarten, Grundschule und Elternhaus. Ökotopia, Münster 2005.

Montada, Leo: Moralische Entwicklung und moralische Sozialisation. In: Rolf Oerter & Leo Montada (Hg): Entwicklungspsychologie. Beltz, Weinheim, 5. vollständig überarbeitete Auflage 2002, Seite 619-647.

Materialien und Kontakt: www.Volker-Friebel.de